高等院校计算机课程设计指导丛书

C程序设计
课程设计

刘振安 刘燕君 唐军 编著

第3版

机械工业出版社
CHINA MACHINE PRESS

图书在版编目（CIP）数据

C 程序设计课程设计 / 刘振安，刘燕君，唐军编著 . —3 版 . —北京：机械工业出版社，2016.2（2025.7 重印）

（高等院校计算机课程设计指导丛书）

ISBN 978-7-111-52987-3

I. C… II. ① 刘… ② 刘… ③ 唐… III. C 语言－程序设计－高等学校－教学参考资料 IV. TP312

中国版本图书馆 CIP 数据核字（2016）第 030703 号

　　本书独立于具体的 C 语言教科书，重点放在 C 语言结构化设计的基本特征上，涵盖 C 语言的重要基础知识。书中通过详细的实例，循序渐进地启发学生完成课程设计，培养学生实际分析问题、编程和动手的能力。本课程设计在注重基础知识训练的同时，也注重技能训练。

　　本书适合作为相关专业的 C 语言课程设计指导用书以及 C 语言课程的补充教材，也可以作为工程技术人员和自学者学习 C 语言的参考书。

出版发行：机械工业出版社（北京市西城区百万庄大街 22 号　邮政编码：100037）
责任编辑：李　艺　　　　　　　　　　　　　　　责任校对：董纪丽
印　　刷：北京机工印刷厂有限公司　　　　　　　版　　次：2025 年 7 月第 3 版第 7 次印刷
开　　本：185mm×260mm　1/16　　　　　　　　印　　张：13
书　　号：ISBN 978-7-111-52987-3　　　　　　　定　　价：49.00 元

客服电话：（010）88361066　68326294

版权所有 · 侵权必究
封底无防伪标均为盗版

前　　言

原来编写课程设计一书的目的是想通过课程设计的综合训练，培养学生实际分析问题、编程和动手的能力，最终目标是通过这种形式，帮助学生系统掌握课程的主要内容，更好地完成教学任务。为此，课程设计的编写与教学顺序及内容紧密结合，以便能与教学同步进行。而随着 C 语言教学的改革，愈来愈多的学校将课程设计作为 C 语言的后继课程。为了适应这种形势，我们对第 2 版的内容进行了调整，形成了第 3 版。

在 C 语言教学中，为了保持数据结构知识的完整性，很多学校不讲授与数据结构重复的内容，例如堆栈和链表等。但对于想参加等级考试的学生，链表又是必要的。本书将链表作为可选内容以满足需要进行链表训练的学生的需求。

本课程设计将原来设计内容中介绍的基础知识抽出来作为附录，这样不仅更加突出设计内容，也方便查阅。书中的设计题目主要是以任务驱动为主线，详细介绍设计思想。

本书的主要特点如下：

（1）独立于具体的 C 语言教科书，重点放在 C 语言结构化设计的基本特征上，以"不变"应"万变"，涵盖 C 语言的重要基础知识。

（2）课程设计既覆盖知识点，又接近工程实际需要，有的还具有一定的趣味性。通过激发学习兴趣，调动学生主动学习的积极性，引导他们根据实际编程要求，训练自己实际分析问题的能力及编程能力，并养成良好的编程习惯。

（3）通过详细的实例，循序渐进地启发学生完成设计。课程设计将要求、算法和源程序分开，为学生创造独立思考的条件。学生在充分理解要求和算法的前提下，完全可以不按书中提供的参考程序，而设计自己的应用程序。

（4）强调程序的多种解法和优化，以拓展学生的知识面。

（5）增加位操作和状态机等设计题目以适应目前的技术和应用。

（6）课程设计分为基本部分与技能提高训练，以满足不同学校和不同学生的要求。

（7）提供一个综合课程设计，这个课程设计的重点放在强化 C 语言结构化设计的知识和进一步锻炼学生的动手能力上。

（8）为了方便教学，可以在机械工业出版社网站（www.cmpedu.com）上下载本书的 PPT 和完整的程序代码，也可以通过邮箱 zaliu@ustc.edu.cn 与笔者取得联系。其中，PPT 进一步给出了课程设计的重点和难点，以及该设计的教学目的，方便教师选择与学生相适应的题目。

全书共分 13 章。第 0 章是课程设计概述；第 1 章讲述 C 语言典型算法；第 2 章是求解简单的逻辑题；第 3 章是求解复杂的逻辑题；第 4 章介绍函数与多文件编程；第 5 章是结构数组与文件；第 6 章讲解出圈游戏的多种解法；第 7 章是设计链表；第 8 章是链表文件信息管理；第 9 章是使用循环链表求解约瑟夫游戏；第 10 章是使用状态机设计程序；第 11 章介绍程序优化及一题多解的方法；第 12 章是综合课程设计。

本书的编写工作主要由刘振安、刘燕君和唐军完成。刘燕君主要负责第 5 章～第 8 章，唐军主要负责第 1 章～第 2 章、第 9 章、第 12 章，刘振安主要负责第 0 章、第 3 章～第 4 章、第 10 章～第 11 章，最后由刘振安统编。

在本次修订中，中科院院士陈国良教授给出了很多有益的建议，特此感谢！

本书前两版曾在全国许多院校使用，有的学校还将其作为毕业设计的参考资料，第 3 版的编写也得到他们的支持和帮助，在此表示感谢，希望今后继续不吝赐教。

刘振安于中国科学技术大学
2015 年 10 月

目 录

前言

第0章 课程设计概述……………………………1
  0.1 课程设计目标……………………………1
  0.2 课程设计结构……………………………1
  0.3 评价标准…………………………………3

第1章 C语言典型算法……………………………4
  1.1 迭代算法求 $\sin x$ 的值…………………4
  1.2 递推算法…………………………………5
  1.3 递归算法…………………………………7
    1.3.1 递归与递推的比较……………………8
    1.3.2 图解递归执行过程……………………9
  1.4 查找算法…………………………………10
    1.4.1 线性查找………………………………10
    1.4.2 二分查找………………………………10
  1.5 冒泡排序…………………………………11
    1.5.1 图解排序过程…………………………11
    1.5.2 算法分析………………………………12
    1.5.3 算法设计………………………………13
    1.5.4 参考程序………………………………13
  1.6 鸡兔同笼…………………………………13
  1.7 求解百鸡问题……………………………15
  1.8 评价标准…………………………………17
  1.9 参考题目…………………………………17

第2章 求解简单的逻辑题…………………………18
  2.1 寻找成绩最佳者…………………………18
    2.1.1 计算机求解逻辑思维题的方法………18
    2.1.2 使用枚举解题的参考程序……………20
  2.2 寻找肇事车辆……………………………20
    2.2.1 计算机解题的一般步骤………………20
    2.2.2 课程设计内容…………………………21
    2.2.3 计算机解题小结………………………22

  2.3 评价标准…………………………………23

第3章 求解复杂的逻辑题…………………………24
  3.1 逻辑运算符与逻辑表达式………………24
  3.2 用另一种方法求解谁考了满分…………25
  3.3 寻找作案人………………………………26
    3.3.1 解题思路………………………………26
    3.3.2 使用6重循环解题……………………27
    3.3.3 使用移位的方法解题…………………28
  3.4 评价标准…………………………………30
  3.5 参考题目…………………………………30

第4章 函数与多文件编程…………………………31
  4.1 设计要求…………………………………31
    4.1.1 功能设计要求…………………………31
    4.1.2 具体实现要求…………………………31
  4.2 函数设计注意事项………………………32
    4.2.1 函数参数传递方式……………………32
    4.2.2 函数类型和返回值……………………32
    4.2.3 结构与函数……………………………32
  4.3 函数和算法分析…………………………33
  4.4 参考程序…………………………………33
  4.5 组成一个工程……………………………36
  4.6 评价标准…………………………………37

第5章 结构数组与文件……………………………38
  5.1 设计要求…………………………………38
  5.2 算法分析…………………………………39
  5.3 参考程序…………………………………40
  5.4 测试程序…………………………………43
    5.4.1 测试菜单和读写空文件………………44
    5.4.2 测试生成和显示职工信息文件………44
    5.4.3 测试生成和显示职工简明信息
        文件……………………………………45
    5.4.4 测试删除操作…………………………45

5.4.5　建立符合要求的文件 …………… 45
　5.5　评价标准 …………………………… 47
第6章　出圈游戏的多种解法 ……………… 48
　6.1　使用数组设计出圈程序 …………… 48
　　6.1.1　设计思想 ……………………… 48
　　6.1.2　参考程序 ……………………… 49
　6.2　使用二维字符串数组设计出圈程序 …… 49
　　6.2.1　设计思想 ……………………… 50
　　6.2.2　参考程序 ……………………… 50
　6.3　使用分配内存设计出圈程序 ……… 52
　　6.3.1　设计思想 ……………………… 52
　　6.3.2　参考程序 ……………………… 53
　6.4　使用结构设计出圈程序 …………… 54
　　6.4.1　设计思想 ……………………… 54
　　6.4.2　参考程序 ……………………… 55
　6.5　生死游戏 …………………………… 57
　　6.5.1　直接按出圈方法计算 ………… 57
　　6.5.2　输出没有标记的生还者 ……… 60
　6.6　评价标准 …………………………… 62
第7章　设计链表 …………………………… 64
　7.1　设计要求 …………………………… 64
　　7.1.1　功能设计要求 ………………… 64
　　7.1.2　总体设计 ……………………… 64
　　7.1.3　函数设计 ……………………… 65
　7.2　算法分析 …………………………… 66
　7.3　参考程序 …………………………… 67
　7.4　测试程序 …………………………… 72
　7.5　评价标准 …………………………… 75
第8章　链表文件信息管理 ………………… 76
　8.1　设计要求 …………………………… 76
　　8.1.1　功能设计要求 ………………… 76
　　8.1.2　总体设计 ……………………… 77
　8.2　record程序的模块设计 …………… 80
　8.3　record程序的测试 ………………… 87
　8.4　评价标准 …………………………… 93
第9章　使用循环链表求解约瑟夫游戏 …… 94
　9.1　简单的循环链表求解约瑟夫游戏 … 94
　　9.1.1　简单循环链表设计思想 ……… 94
　　9.1.2　函数实现 ……………………… 95

　　9.1.3　参考程序 ……………………… 97
　9.2　能输出姓名的循环链表求解约瑟夫
　　　游戏 ………………………………… 99
　　9.2.1　设计思想 ……………………… 99
　　9.2.2　参考程序 ……………………… 100
　9.3　使用动态内存的循环链表求解约瑟夫
　　　游戏 ………………………………… 103
　　9.3.1　设计思想 ……………………… 103
　　9.3.2　参考程序 ……………………… 104
　9.4　优化循环链表求解约瑟夫游戏 …… 107
　　9.4.1　设计思想 ……………………… 107
　　9.4.2　参考程序 ……………………… 107
　9.5　评价标准 …………………………… 112
第10章　使用状态机设计程序 …………… 113
　10.1　使用状态机的简单例子 ………… 113
　10.2　课程设计 ………………………… 120
　10.3　评分标准 ………………………… 122
第11章　程序优化及一题多解 …………… 123
　11.1　程序优化 ………………………… 123
　　11.1.1　设计题目和基本程序 ……… 123
　　11.1.2　减少循环优化程序 ………… 124
　　11.1.3　减少调用次数优化程序 …… 127
　　11.1.4　提高计算速度优化程序 …… 128
　11.2　应用位运算一题多解 …………… 129
　　11.2.1　使用比较的方法 …………… 129
　　11.2.2　使用加法的方法 …………… 132
　11.3　评分标准 ………………………… 135
第12章　综合课程设计 …………………… 136
　12.1　实用结构化程序设计基础 ……… 136
　　12.1.1　模块化程序设计 …………… 136
　　12.1.2　分块开发 …………………… 137
　　12.1.3　工程文件 …………………… 139
　12.2　设计学生成绩管理程序 ………… 139
　　12.2.1　功能设计要求 ……………… 139
　　12.2.2　总体设计 …………………… 141
　　12.2.3　函数设计 …………………… 142
　12.3　参考程序 ………………………… 145
　12.4　测试示例 ………………………… 158
　　12.4.1　菜单项及空表和空文件测试 … 158

12.4.2　测试建表 …………………… *159*
　　12.4.3　测试读取文件 ………………… *161*
12.5　评价标准 ………………………………… *163*
12.6　增加功能实例 …………………………… *163*
　　12.6.1　增加功能 ……………………… *163*
　　12.6.2　增加的函数和文件 …………… *164*
　　12.6.3　修改程序清单说明 …………… *164*

附录 A　使用编程环境 ………………………… *174*
附录 B　集成环境调试命令及调试实例 …… *180*
附录 C　设计一个简单的菜单 ……………… *187*
附录 D　编程的基本文件结构 ……………… *192*
附录 E　7 位 ASCII 代码表 ………………… *199*
参考文献 ………………………………………… *200*

第 0 章 课程设计概述

由于各校的情况不一,为了便于根据本校的特点和教学计划选择相应的课程设计内容,本章简要介绍本书课程设计的题目及其预期目标。

0.1 课程设计目标

本课程设计的目标是通过实践训练,培养学生实际分析问题、编程和动手的能力,并帮助学生掌握该门课程的核心技术,为从事技术开发工作打好基础。

本课程设计具有以下特点:

1)独立于具体的 C 语言教科书,重点放在 C 语言结构化设计的基本特征上,以"不变"应"万变",涵盖 C 语言的重要基础知识。

2)结合实际应用的要求,使课程设计既覆盖知识点,又接近工程实际需要。通过激发学习兴趣,调动学生主动学习的积极性,引导他们根据实际编程要求,训练自己实际分析问题的能力及编程能力,并养成良好的编程习惯。

3)通过详细的案例,循序渐进地启发学生完成设计。课程设计将要求、算法和源程序分开,为学生创造独立思考的条件。学生在充分理解要求和算法的前提下,完全可以不按书中提供的参考程序,而设计自己的应用程序。

4)强调程序的多种解法和优化,以拓展学生的知识面。

5)增加位操作和状态机等设计题目以适应目前的技术和应用。

6)课程设计分为基本部分与技能提高训练,以满足不同学校和不同学生的要求。

7)提供一个综合课程设计,这个课程设计的重点放在强化 C 语言结构化设计的知识和进一步锻炼学生的动手能力上。

8)提供配套的 PPT 和源程序代码,方便教师教学使用。

另外,在实际编程中,为了提高编程质量,对空行、空格和注释均有要求。本书也尽可能地根据实际编程要求给出空行、空格和注释,有时因为标题和页码等实际原因,也会适当减少空行、空格和注释,但希望学生在书写代码时严格按要求处理,以便建立良好的编程风格。

自《C 程序设计课程设计》于 2004 年出版以来,已经根据需要编写第 2 版并多次重印。但目前的教学情况又发生了变化,课程设计已经由辅导变成了单独课程,为此决定编写第 3 版以满足需要。

0.2 课程设计结构

C 程序的核心思想是函数调用,所以函数是重点。函数设计中的难点是选择函数类型及其参数传递方式。数据类型及程序控制方式是 C 语言的基础;数组、指针和结构的使用技术是编程的核心技术。学生学习时,常常避开多文件编程和文件的使用,但这些都是程序设计人员必备的知识,因此本书特意加强了这方面的训练。

本课程设计共选择 12 个设计题目，不再使用一个独立的例子涵盖许多知识点，而是按层次逐步深入。与第 1 版和第 2 版相比，程序大大简化。前 8 个设计都很简单，主要是引入结构化思维方法。全书多次使用不同方法实现出圈游戏，就是为了通过不同实现方式使学生加深对编程的理解。

这些实验题目及其简要说明如下（题目与章序号一致）：

1. C 语言典型算法

这一章的课程设计重在熟悉计算机解题的典型算法。递推和递归都是计算机数值计算中的重要算法，为加深理解，将用它们解决同一个问题，以便演示两者的区别。

2. 求解简单的逻辑题

计算机强大的逻辑分析功能是由人通过程序赋予它的。一些逻辑问题必须转换成计算机能够看得懂的数学表达式和一定的程序指令。这一章的课程设计主要练习如何将人对问题的思考转换为计算机能解的数学表达式，并结合课程设计讨论使用计算机解题的一般步骤。

3. 求解复杂的逻辑题

计算机求解的方法是多变的，该章将介绍使用两种方法求解复杂的逻辑题，以便进一步掌握将欲求解的问题转换为让计算机能解的数学表达式的方法。

4. 函数与多文件编程

该章的课程设计的目的是学习函数类型和参数的设计，以及头文件的作用及其编制方法。设计还要求结合具体的编程环境，使用多文件编程原理，组成一个工程文件，为编制实用程序打下基础。建议读者结合附录 D 熟悉 C 语言编程的三个典型结构。

5. 结构数组与文件

结构数组和文件的应用很广。结构数组常常作为函数的参数及返回值，而文件也常常把结构数组作为写入和读出的对象。该章课程设计的目的是通过使用结构数组建立职工档案信息文件以加强这方面的训练，以期掌握它们的基本性质和使用方法。为了节省篇幅，设计不要求使用多文件编程，但要求使用头文件和菜单，并组成一个工程文件，以便更接近实用程序。

鉴于软件测试是软件工程的一个重要环节，所以这一章要求对编写的程序进行测试。

6. 出圈游戏的多种解法

该章将给出 4 种设计出圈游戏的程序，它们分别使用数组和结构完成，目的是让读者熟悉数组、二维字符串数组、动态内存和结构数组的使用方法以及一题多解的思路。

7. 设计链表

该章课程设计的目的是学习建立链表、使用链表存储结构信息、增加链表结点及删除链表结点等基本操作。实际设计时，可以增加数据信息，加入检索等功能。

8. 链表文件信息管理

该章课程设计是在第 7 章的基础上增加文件管理，在实际设计时，可以增加数据信息，加入检索等功能。本课程设计为选做内容，可以根据实际教学情况决定。

9. 使用循环链表求解约瑟夫游戏

该章将使用循环链表再次设计出圈游戏程序，目的是让读者接触简单的循环链表概念并进一步熟悉结构化程序设计思想。

10. 使用状态机设计程序

虽然状态机的设计比较复杂，但使用状态机的设计逐渐受到重视，所以这一章的课程设计将它作为基础知识，给出一些简单的设计实例，以便普及状态机的知识。

11. 程序优化及一题多解

这一章的课程设计将结合实例演示程序优化问题。该章还将涉及位运算，但可以不将其作为必选题，而是作为例题解答的例子。

12. 综合课程设计

该章将先总结头文件、多个 C 语言文件及工程文件的编制方法，然后演示如何运用这些知识设计一个实用的小型学生成绩管理程序，培养实际应用能力。

0.3 评价标准

因为已经有参考程序，所以一般情况下学生都能完成预定设计。如果学生只是按照程序去做，其分数只能在 85 分以下。为了证明学生已经掌握了设计所涵盖的知识点，应该向学生提一些问题，例如，程序如何实现及其原理等。由于各校情况不一，所以没有在各章的评价标准中规定必须提问题才算完成设计任务。

另外，程序的可读性均包含在正确性中记分，不再单列考核标准。

一般遵循如下规律评价：

（1）严格控制 90 分，其标准是有创意。

（2）85 分以上，必须全部正确，并有一定改进或者能正确回答设计中的问题。

（3）有少许失误，可给 75 ~ 85 分。

（4）错误不多，给 60 ~ 74 分。

（5）没有完成规定的要求，不予及格。

因为课程设计主要是为了锻炼学生，所以应该鼓励他们不要将此作为负担，而是提高钻研问题的兴趣，放手去做。鉴于以上目的，应该鼓励为主，避免不及格现象。另外，评分标准也可以只设"通过"、"没通过"和"优秀"3 档，以激发学生的学习兴趣。

第 1 章

C 语言典型算法

本课程设计重在熟悉计算机解题的典型算法。递推和递归都是计算机数值计算中的重要算法，本章将用它们解决同一个问题，以便演示两者的区别。

1.1 迭代算法求 sin x 的值

假如给定 x，求 $\sin x$ 的值。正弦函数 $\sin x$ 的近似值可以表示为：

$$\sin x = x - x^3/3! + x^5/5! - x^7/7! + \cdots$$

一般计算到级数的某一项的绝对值小于指定的很小的量 ε 时，计算过程终止。

可以通过重复执行一系列计算来获得问题的近似答案，而每一次重复计算将产生一个更精确的答案，这种重复执行的过程称为迭代。

计算方法是逐一计算级数的一个项的值，每算一项就将其累加起来，直到某项的绝对值小于给定的 ε，计算终止。

求解这个问题需要注意两个方面：每项的计算量和符号问题。

考察一下相邻两项的关系，先不管符号问题，假设前一项是 $x^n/n!$ 并存储在 item 中，则后一项的值为：

$$x^{(n+2)}/(n+2)!$$

这个计算量还是很大。可以利用 item 进行计算以减少计算量，即

$$\text{item} * x * x / ((n+1) * (n+2))$$

各项正负号很容易推知。第 1 项不用计算，且符号为正。从第 2 项开始，均是前一项的符号乘以 -1。

一般习惯输入角度，这里的 x 是弧度，所以要进行变换，并且将其换算到 360 度以内，以加快计算速度。

```c
// 求 sin x 的参考程序
#include <stdio.h>
#include <math.h>
void main()
{
    double x,sinx, item,min=0.0005;
    int n=1, sign=-1;
    printf(" 输入度数: ");
    scanf("%lf",&x);
    while(x>360)            // 让其值为 0 ~ 360 度
        x=x-360;
    x=x*3.14159/180;        // 转换为弧度
    sinx=x;
    item=x;

    while(fabs(item)>min)
```

```
        {
            item=item*x*x/(n+1)/(n+2);
            sinx=sinx+sign*item;
            n=n+2;
            sign=(-1)*sign;
        }
        printf("sinx=%1f\n",sinx);
}
```

运行实例如下：

```
输入度数：390
sinx=0.500002
```

1.2 递推算法

递推是计算机数值计算中的一个重要算法。思路是通过数学推导，将复杂的运算化解为若干重复的简单运算，以充分发挥计算机擅长重复处理的特点。本节将结合实例，介绍使用递推法的基础知识。

1. 递推数列的定义

一个数列从某一项起，任何一项都可以用它前面的若干项来确定，这样的数列称为递推数列。表示某项与其前面的若干项的关系的式子就称为递推公式。例如自然数 $1,2,\cdots,n$ 的阶乘形成如下数列：

$$1!, 2!, 3!, \cdots, (n-1)!, n!$$

令 $fact(n)$ 为 n 的阶乘，依据后项与前项的关系可写出递推公式：

$$fact(n) = n * fact(n-1) \quad \text{（通项公式）}$$
$$fact(1) = 1 \quad \text{（边界条件）}$$

在有了通项公式和边界条件后，采用循环结构，从边界条件出发，利用通项公式通过若干步递推过程就可以求出解来。

2. 递推算法设计实例：狗熊吃玉米

狗熊到玉米地吃玉米，第一天吃了一半又拿走一个回去喂小狗熊。第二天又去吃了剩下的一半，走时仍然带一个回去。以后每天都吃前一天剩下的一半，拿走一个。到第十天时，狗熊到地里一看，只剩下一个玉米了。求地里一共有多少玉米。

【解题思路】以第十天为依据，往回推算。显然，第九天是 4 个，第八天是 10 个。如果设上一天的数量为 $x1$，当天剩下的数量为 $x2$，则它们之间的关系满足如下递推公式：

$$x1 = (x2 + 1)*2$$

然后把这个 $x1$ 作为新的 $x2(x2 = x1)$，再往前推算。假设用 day 表示天数，因为第十天（边界条件）已知，所以只需要计算 9 次，即 day 的初始值为 9，不是 10。每推算一次，day 减 1，这可以使用 while 语句实现。

因为只求第一天的玉米数，所以直接使用一个变量求解，变量的边界条件是 1，递推公式简化为 $x = (x + 1)*2$。

```
// 狗熊吃玉米参考程序
#include <stdio.h>
void main( )
```

```
    {
       int day=9, x=1;
       while ( day>0 )
       {
         x=(x+1)*2;              // 递推
         day--;                  // 递推计数器
       }
       printf(" 玉米总数 =%d\n",x);
    }
```

运行结果：

玉米总数 =1534

3. 递推算法设计实例：捕鱼问题

A、B、C、D、E 合伙夜间捕鱼，凌晨时都疲惫不堪，各自在河边的树丛中找地方睡着了。日上三竿，A 第一个醒来，他将鱼平分作 5 份，把多余的一条扔回湖中，拿自己的一份回家去了；B 第二个醒来，也将鱼平分作 5 份，扔掉多余的一条，只拿走自己的一份；接着 C、D、E 依次醒来，也都按同样的办法分鱼。问 5 人至少合伙捕到多少条鱼？每个人醒来后看到的鱼数是多少条？

【解题思路】 假定 A、B、C、D、E 5 人的编号分别为 1、2、3、4、5，为了容易理解，令整数数组的标号直接与这 5 个人的序号对应，定义整数数组 $fish[6]$。不使用 $fish[0]$，从而可以使用数组 $fish[k]$ 表示第 k 个人所看到的鱼数。$fish[1]$ 表示 A 所看到的鱼数，$fish[2]$ 表示 B 所看到的鱼数……显然有如下关系：

$$fish[1] = 5 人合伙捕鱼的总鱼数$$
$$fish[2] = (fish[1]-1)*4/5$$
$$fish[3] = (fish[2]-1)*4/5$$
$$fish[4] = (fish[3]-1)*4/5$$
$$fish[5] = (fish[4]-1)*4/5$$

由此可以写出如下的一般表达式：

$$fish[i] = (fish[i-1]-1)*4/5 \quad i = 2, 3, 4, 5$$

这个公式可用于从已知 A 看到的鱼数去推算 B 看到的，再推算 C 看到的……现在要求的是 A 看到的鱼数，能否倒过来，先知 E 看到的，再反推 D 看到的，直到 A 看到的。为此将上式改写为：

$$fish[i-1] = fish[i]*5/4 + 1 \quad i = 5, 4, 3, 2$$

分析上式如下：

（1）当 $i = 5$ 时，$fish[5]$ 表示 E 醒来后看到的鱼数，该数应满足被 5 整除后余 1，即 $fish[5]\%5 == 1$。

（2）当 $i = 5$ 时，$fish[i-1]$ 表示 D 醒来后看到的鱼数，该数既要满足 $fish[4] = fish[5]*5/4 + 1$，又要满足 $fish[4]\%5 == 1$。显然，$fish[4]$ 只能是整数，这个结论同样可以用于 $fish[3]$、$fish[2]$ 和 $fish[1]$。

（3）按题意，要求 5 人合伙捕到的最少鱼数，可以从小往大枚举，先让 E 所看到的鱼数最少为 6 条，即 $fish[5]$ 初始化为 6 来试，之后每次增加 5 再试，直至递推到 $fish[1]$ 且所得整数除以 5 之后的鱼数为 1。

根据上述思路，可以将程序分为 3 个部分：程序准备（包括声明和初始化）部分、递推部分和输出结果部分。

程序准备部分包含定义数组 $fish$[6] 并初始化为 1，定义循环控制变量 i 并初始化为 0。输出结果部分就是输出计算结果。以上两个部分都很简单，下面着重介绍递推部分的实现方法。

递推部分使用 do…while 直到型循环结构，其循环体包含两块：

（1）枚举过程中的 fish[5] 的初值设置，一开始 fish[5] = 1 + 5；以后每次增 5。也就是说，第 1 个边界条件是 fish[5] = 6，以后的边界条件是每次递增 5。

（2）使用一个 for 循环，i 的初值为 4，终值为 1，步长为 -1，该循环的循环体是一个分支语句，如果 fish[i+1] 不能被 4 整除，则跳出 for 循环（使用 break 语句）；否则，从 fish[i+1] 算出 fish[i]。当用 break 语句让程序退出循环时，意味着某人看到的鱼数不是整数，当然不是所求，必须令 fish[5] 加 5 后再试，即重新进入直到型循环 do…while 的循环体。当正常退出 for 循环时，一定是循环控制变量 i 从初值 4 一步一步执行到终值 1，每一步的鱼数均为整数；最后 i = 0，表示计算完毕，且也达到了退出直到型循环的条件。

```
// 捕鱼问题参考程序
#include<stdio.h>                                  // 预编译命令
void main()
{
    int fish[6]={1,1,1,1,1,1};                     // 记录每人醒来后看到的鱼数
    int i=0;
    do
    {
        fish[5]=fish[5]+5;                         // 让 E 看到的鱼数增 5
        for (i=4; i>=1; i--)
        {
            if (fish[i+1]%4!=0)
                break;                             // 跳出 for 循环
            else
                fish[i]=fish[i+1]*5/4+1;           // 计算第 i 人看到的鱼数
        }
    } while (i>=1);                                // 当 i>=1，继续做 do 循环

    // 输出计算结果
    for (i=1; i<=5; i++)
        printf(" 第 %d 个人看到的鱼是 %d 条。\n",i,fish[i]);
}
```

程序运行的输出结果如下：

第 1 个人看到的鱼是 3121 条。
第 2 个人看到的鱼是 2496 条。
第 3 个人看到的鱼是 1996 条。
第 4 个人看到的鱼是 1596 条。
第 5 个人看到的鱼是 1276 条。

1.3 递归算法

本节将以求阶乘为例，演示递推和递归的区别。

1.3.1 递归与递推的比较

递推是从已知的初始条件出发,逐次去求所需要的阶乘值。下面以求 5! 值为例说明它们的区别。

使用递推求 5! 的初始条件 $fact(1) = 1$,于是可推得

$$fact(2) = 2 * fact(1) = 2 * 1 = 2$$
$$fact(3) = 3 * fact(2) = 3 * 2 = 6$$
$$fact(4) = 4 * fact(3) = 4 * 6 = 24$$
$$fact(5) = 5 * fact(4) = 5 * 24 = 120$$

递推过程相当于从"菜心"推到"外层"。

```
// 递推求阶乘参考程序
#include<stdio.h>
void main()
{
    int sum=1,i=0;
    for(i=2; i<=5; i++)
        sum=i*sum;
    printf("5!=%d\n",sum);
}
```

利用递归求 5! 的程序如下:

```
#include <stdio.h>                    //1 包含头文件
int factorial(int);                   //2 函数 factorial 的原型声明
void main( )                          //3 主函数
{                                     //4 主函数定义开始
    int n;                            //5 声明变量
    printf("Input n=");               // 执行语句
    scanf("%d",&n);
    printf("%d!=%d\n",n,factorial(n));
}

int factorial( int x )                // 函数 factorial 的定义
{
    if ( x==0 ) return 1;
    else   return ( x*factorial( x-1 ) );
}
```

运行程序并输入:

Input n=5

显示结果:

5!=120

main 函数调用 factorial 函数。其中 factorial 有返回值,函数递归调用时,每调用一次其自动型变量就占据堆栈一个区域,供各自的调用使用。递归调用在堆栈中临时占据的存储区域是较多的,在实际运行时,递归调用的时间效率较差。

如前所述,递推过程相当于从"菜心"推到"外层"。递归算法的出发点并不放在初始条件上,而是放在求解的目标上,从所求的未知项出发逐次调用本身的求解过程,直到递归的边界(即初始条件)。就求阶乘的例子而言,读者会认为递归算法可能是多余的,费力不讨

好。但许多实际问题不可能（或不容易）找到显而易见的递推关系，这时递归算法就表现出了明显的优越性。它比较符合人的思维方式，逻辑性强，可将问题描述得简单扼要，具有良好的可读性，易于理解。许多看来相当复杂或难以下手的问题，如果使用递归算法，就会使问题变得易于处理。

1.3.2 图解递归执行过程

递归算法在可计算性理论中占有重要地位，它是算法设计的有力工具，对于拓展编程思路非常有用。递归算法并不涉及高深数学知识，只是初学者要建立起递归概念并不容易。为了建立帮助建立递归的概念，下面以求 3! 为例，给程序编号，以便分析程序的执行过程。图 1-1 用图解的方法分解执行过程。

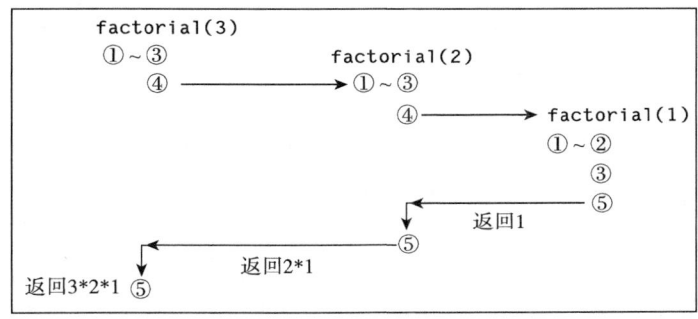

图 1-1　执行过程的图解示意图

```
int factorial( int x )                          //①
{                                               //②
    if ( x==0 ) return 1;                       //③
    else  return ( x*factorial( x-1 ) );        //④
}                                               //⑤
```

下面结合图 1-1 说明执行 factorial(3) 的递归调用过程。

（1）第 1 次执行 factorial(3)，当执行到④时，递归调用 factorial(3-2)。
（2）执行 factorial(2)，当执行到④时，递归调用 factorial(2-1)。
（3）执行 factorial(1)，满足语句③，经⑤结束本次调用并返回 1。
（4）返回继续执行 factorial(2) 的语句④，执行 return 2*1，结束 factorial(2)。
（5）factorial(2) 的返回值赋给 factorial(3) 的语句④，执行 return 3*2*1。
（6）结束 factorial(3) 的执行，返回值为 3*2*1 = 6。

由此可见，欲求 factorial(3)，先要求 factorial(2)；要求 factorial(2)，先要求 factorial(1)。就像剥一棵白菜，从外向内，一层层剥下来，到了菜心，遇到 1 的阶乘，其值为 1，到达了递归的边界。然后用 factorial(2)=2*factorial(1) 得到 factorial(2)，再用 factorial(2) 的值和公式 factorial(3)=3*factorial(2) 求得 factorial(3)。这个过程是使用 factorial(n)=n*factorial(n-1) 这个普遍公式，从内向外倒推回去得到 factorial(n) 的值。

读者可在 Visual C++（简称 VC）中使用单步跟踪功能，观察执行过程。

1.4 查找算法

最简单的查找算法是线性查找和二分查找，前者用于一般的数据查找，后者用于有序数组的查找。

1.4.1 线性查找

这里以整型数组为例。一般称要查找的数为关键字，线性查找就是根据所给关键字，逐个与数组元素进行比较，如果有与关键字相等的，则输出数组位置，否则输出没有该数的信息。

因为程序不能改变指定数组元素的值，所以使用前缀 const 声明它。

```c
// 线性查找
#include <stdio.h>

int LinearSearch(const int A[], int Key, int n);      // 声明查找函数原型
void main( )
{
    int Key, b;
    const int a[]={1,3,5,7,9,2,4,6,8,10};             // 常量数组，只能使用不能改变
    printf(" 输入查找关键字: ");
    scanf("%d",&Key);
    b=LinearSearch(a, Key, 10);

    if(b!=-1)
        printf(" 关键字在数组中为 a[%d]\n",b);
    else
        printf(" 数组中无此数！\n");
}
// 线性查找函数
//n 为给定数组的有效长度
int LinearSearch(const int A[], int Key, int n)
{
    int i;
    for(i=0; i<n; i++)
        if (A[i]==Key)
            return i;
    return -1;
}
```

程序运行示例如下：

```
输入查找关键字: 9
关键字在数组中为 a[4]
```

1.4.2 二分查找

二分查找的思想如下：
（1）把查找范围对分为两部分，看它是否属于中点。
（2）如果不属于中点，则看它落在哪一部分。
（3）因中点已经判过，所以可在该部分中排除中点，然后对剩余部分继续使用二分法。
（4）查找范围逐步缩小。如果查到，则输出数组元素信息；否则输出没查到信息。

二分查找要求数组已经是有序数组，如果不是有序数组，必须先排序，然后才能使用二

分查找法。

```c
#include <stdio.h>
int BinarySearch(const int A[], int Key, int n);      // 声明查找函数原型
void main( )
{
    int Key, b;
    const int a[]={11,12,15,17,19,22,24,36,48,50}; // 常量数组，只能使用不能改变
    printf(" 输入查找关键字: ");
    scanf("%d",&Key);

    b=BinarySearch(a, Key, 10);

    if(b!=-1)
        printf(" 关键字在数组中为 a[%d]\n",b);
    else
        printf(" 数组中无此数! \n");

}
// 线性查找函数
//n: 给定数组的有效长度
//Key: 查找关键字
int BinarySearch(const int A[], int Key, int n)
{
    int middle=0;
    int low=0;                              // 初始化为数组 a 的第一个元素的下标
    int hight=n;                            // 初始化为数组 a 的最后一个元素的下标
    while(low<=hight)
    {
        middle=(low+hight)/2;
        if (A[middle]==Key)
            return middle;
        else if (A[middle]>Key)
            hight=hight-1;                  // 落在下部，上限减 1
        else low=middle+1;                  // 落在上部，下限加 1
    }
    return -1;
}
```

程序运行示例如下：

输入查找关键字: 36
关键字在数组中为 a[7]

1.5 冒泡排序

为了说明冒泡排序算法的思想，下面以一个具体的整型数组 a 为例。这里不使用 a[0]，以便数据和下标对应。a[6] ～ a[1] 的内容分别为 9、4、2、3、8、1，要求将其排为 1、2、3、4、8、9。

1.5.1 图解排序过程

图 1-2 说明第 1 遍扫描将 a[1] 升到顶部的过程。

它们的比较过程是执行如下语句：

```
for(i=1;i<=5; i++)
{
    if(a[i]<a[i+1])
    {
        temp=a[i];              // 临时存储
        a[i]=a[i+1];            // 交换 a[i] 和 a[i+1] 的内容
        a[i+1]=temp;
    }
}
```

由于 1 最小，它就像泡泡一样上升到顶部，比它大的就逐个沉下来，这就是冒泡的来历。

第 2 遍扫描只要对 a[1] ～ a[5] 执行 4 次比较。显然要执行到第 3 次，才有 a[3] < a[4]。两者交换，使 a[4] = 2。a[4] < a[5]，将 a[5] 交换为 2，结果如图 1-3 的第 3 列所示，a[5] 和 a[6] 为有序。下一次则对 a[1]~a[4] 继续如上方法。中括号内是产生的无序数组，图 1-3 给出各遍扫描后排序的变化。由此可见，冒泡排序需要使用两重循环。

a[6]	9	9	9	9	1
a[5]	4	4	4	1	9
a[4]	2	2	1	4	4
a[3]	3	1	2	2	2
a[2]	8	3	3	3	3
a[1]	1	8	8	8	8
a[i]与a[i+1]比较步数	1	2	3	4	5

图 1-2 第 1 遍扫描将最小的数升到顶部的过程示意图

	每次外循环结束后的结果				
a[6]	9	1	1	1	1
a[5]	4	9	2	2	2
a[4]	2	4	9	3	3
a[3]	3	2	4	9	4
a[2]	8	3	3	4	9
a[1]	1	8	8	8	8
外循环次数	1	2	3	4	5

图 1-3 各遍扫描后排序的变化

1.5.2 算法分析

从图 1-3 中可以看出最小的一个数第 1 遍扫描就交换到 a[6] 中。如果将 a[1] 视为水底，a[6] 视为水面，设排序的数量为 n，外循环变量为 j，则有：

（1）最轻的（最小的）1 最先浮到水面，交换到 a[6]。
（2）次轻的 2 第 2 遍扫描交换到 a[5]。
（3）再轻的 3 第 3 遍扫描交换到 a[4]。
（4）第 4 遍扫描将 4 交换到 a[3]。
（5）最后将最重的（最大的）9 沉到水底，交换到 a[1]。

由此可见，有 6 个数，前 5 个数到位需 5 遍扫描，第 6 个最重的数自然落在 a[1] 中。因此，6 个数只需 5 遍扫描，即 $j = n-1$，$n = 6$。

下面再研究一下在每遍扫描中相邻两数组元素的比较次数。

（1）当 $j = 1$ 时，$i = 1, 2, \cdots, n-j$。$n = 6$ 时，比较 5 次之后 a[6] 中有一个最小数到达，这时 a[6] 就不必再参与比较了。

（2）在第 2 遍扫描时，$j = 2$，$i = 1, 2, \cdots, n-j$，即 $i = 1, 2, 3, 4$。比较 4 次之后次小的一个数到达了 a[5]，这时 a[5] 就不必再参与比较了。

（3）由此推知：$j = 3$ 时，$i = 1, 2, 3$；$j = 4$ 时，$i = 1, 2$；$j = 5$ 时，$i = 1$。

1.5.3 算法设计

为了表述方便，定义以下 3 个变量：

n：待排序的数的个数，这里 $n = 6$。
j：扫描遍数，$j = 1, 2, \cdots, n-1$。
i：第 j 遍扫描待比较元素的下标，$i = 1, 2, \cdots, n-j$。

程序中采用两重计数型循环，算法步骤如下：

（1）将待排序的数据放入数组中。
（2）置 j 为 1。
（3）让 i 从 1 到 $n-j$，比较 a[i] 与 a[$i+1$] 的原则如下：

  如果 a[i] >= a[$i+1$]，位置不动；
  如果 a[i] < a[$i+1$]，位置交换。
  第 3 步结束后 a[$n-j+1$] 中的数为最小的数。

（4）让 $j = j+1$，只要 $j! = n$ 就返回步骤 3；当 j 等于 n 时执行（5）。
（5）输出排序结果。

1.5.4 参考程序

```c
//冒泡排序
#include <stdio.h>                      // 预编译命令
void main()                             // 主函数
{
    int i=0, j=0, p=0;                  // 整型变量
    int a[7]={0,1,8,3,2,4,9};           // 不使用 a[0]
    for ( j=1; j<=5; j++)               // 冒泡排序，外层循环
        for ( i=1; i<=6-j; i++ )        // 内层循环
            if ( a[i] < a[i+1] )        // 如果 a[i] < a[i+1]
            {
                p = a[i];               // 让 a[i] 与 a[i+1] 交换
                a[i] = a[i+1];
                a[i+1] = p;
            }
    for ( i=6; i>0; i--)                // 输出排序结果
        printf("a[%d]=%d\n",i,a[i]);    // 输出 a[i]
}
```

程序运行结果如下：

a[6]=1
a[5]=2
a[4]=3
a[3]=4
a[2]=8
a[1]=9

1.6 鸡兔同笼

大约在 1500 年前，《孙子算经》中记载了一个有趣的问题。书中是这样叙述的："今有鸡兔同笼，上有三十五头，下有九十四足，问鸡兔各几何？"

解答思路是这样的：假如砍去每只鸡、每只兔一半的脚，则每只鸡就变成了"独角鸡"，

每只兔就变成了"双脚兔"。由此可知：

（1）鸡和兔的脚的总数就由 94 只变成了 47 只。

（2）如果笼子里有一只兔子，则脚的总数就比头的总数多 1。因此，脚的总只数 47 与总头数 35 的差，就是兔子的只数，即 47-35 = 12（只）。

（3）知道兔子的只数，则鸡的只数为：35-12 = 23（只）。

这一思路新颖而奇特，其"砍足法"也令古今中外数学家赞叹不已。这种思维方法叫作化归法。化归法就是在解决问题时，先不对问题采取直接的分析，而是将题中的条件或问题进行变形，使之转化，直到最终把它归成某个已经解决的问题。

下面使用计算机来求解鸡兔同笼问题。

设鸡为 i 只，兔为 j 只，则有：

$$\begin{cases} i+j=35 \\ 2i+4j=94 \end{cases}$$

使用 i 和 j 分别表示两层循环，逐次枚举试验，当满足上述条件时，就可求出鸡有 i 只，兔有 j 只。下面是按此思想编写的程序，sum 表示执行循环的总次数。

```c
// 鸡兔同笼
#include <stdio.h>
void main()
{
    int sum=0;
    int i,j;
    for( i=1;i<35; i++)
    {
        sum++;
        for( j=1;j<35;j++)
        {
            sum++;
            if((i+j==35)&&(2*i+4*j==94))
                printf("鸡有%d只，兔有%d只。\n",i,j);
        }
    }
    printf("一共循环%d次。\n",sum);
}
```

程序运行结果如下：

鸡有 23 只，兔有 12 只。
一共循环 1190 次。

其实，第二个循环执行了 1156 次。由此可见，循环次数太多了，而且应该减少第二个循环的次数。如果将它改为"$j = 35-i$"，则会降为 595 次。

通过分析鸡兔关系，可以改进程序的效率。

（1）两只鸡和一只兔子的脚数相等，所以鸡头的数量不会超过三分之二，即 $i < 25, j < 13$。

（2）给定 i, j 的初始值应该是 35-i。

```c
// 改进的算法
#include <stdio.h>

void main()
{
```

```
    int sum=0;
    int i,j;
    for( i=1;i<24; i++)
    {
        sum++;
        for( j=35-i;j<13;j++)
        {
            sum++;
            if((i+j==35)&&(2*i+4*j==94))
                printf("鸡有 %d 只，兔有 %d 只。\n",i,j);
        }
    }
    printf(" 一共循环 %d 次。\n",sum);
}
```

程序运行结果如下：

鸡有 23 只，兔有 12 只。
一共循环 24 次。

其实，要等到 $j = 35-i < 13$ 时才进入第二个循环，而且仅执行 1 次。

1.7　求解百鸡问题

设每只母鸡值 3 元，每只公鸡值 2 元，两只小鸡值 1 元。现用 100 元钱买鸡，可能同时买到母鸡、公鸡、小鸡各多少只？要求程序在找到解的同时输出循环的次数，并寻找一个循环次数较少的算法。

设母鸡、公鸡、小鸡分别为 i、j、k 只，则可以列出如下两个方程：

$$\begin{cases} i+j+k = 100 \\ 3i + 2j + 0.5k = 100 \end{cases}$$

这里有 3 个未知数，所以是一个不定方程。要求同时买到母鸡、公鸡、小鸡，也就是给出一个限制条件：任何一个不能为 0。

这需要使用三重循环，通过枚举找出所有符合条件的解答。

小鸡需要从 2 开始，每次增加 2。由于已经考虑让 i 和 j 从 1 开始枚举，所以不需要判别如下附加条件：

$$i * j * k ! = 0$$

```
// 参考程序
#include <stdio.h>
void main( )
{
    int m=0,n=0,sum=0;
    int i,j,k;
    for(i=1;i<100;i++)
    {
        ++sum;
        for(j=1; j<100;j++)
        {
            ++sum;
            for(k=2;k<100;k=k+2)
            {
                ++sum;
```

```
            m=i+j+k;
            n=3*i+2*j+k/2;
            if((m==100)&&(n==100))
            {
                printf("母鸡: %d 公鸡: %d 小鸡: %d\n",i,j,k);
            }
        }
    }
}
printf("一共循环 %d 次。\n",sum);
}
```

程序运行结果如下：

母鸡：2 公鸡：30 小鸡：68
母鸡：5 公鸡：25 小鸡：70
母鸡：8 公鸡：20 小鸡：72
母鸡：11 公鸡：15 小鸡：74
母鸡：14 公鸡：10 小鸡：76
母鸡：17 公鸡：5 小鸡：78
一共循环 490149 次。

其实，第 3 层就循环了 480 249 次。

考虑到母鸡为 3 元一只，100 元都买母鸡，最多也只能买 33 只。要求每个品种都要，小鸡只能为偶数，因此最多为 30 只，即第 1 层循环变量 i 可从 1～30。

公鸡为 2 元一只，最多能买 50 只。因为至少需要 1 只母鸡和 2 只小鸡，所以公鸡不会超出 50-3 = 47 只。因第 1 层循环时已经决定枚举的母鸡数 i，一只母鸡相当于 1.5 只公鸡，所以第 2 层循环时，公鸡 j 只要从 1～47-1.5i 即可。

因为 $i+j+k=100$，所以直接求得 $k=100-i-j$，不再需要第 3 层循环。

```
// 改进的算法
#include <stdio.h>

void main( )
{
    int k=0,sum=0;
    int i,j;
    for(i=1;i<=30;i++)
    {
        ++sum;
        for( j=1; j<=47-1.5*i;j++)
        {
            ++sum;
            k=100-i-j;
            if(3*i+2*j+0.5*k==100)
            {
                printf("母鸡: %d 公鸡: %d 小鸡: %d\n",i,j,k);
            }
        }
    }
    printf("一共循环 %d 次。\n",sum);
}
```

程序运行结果如下：

母鸡：2 公鸡：30 小鸡：68
母鸡：5 公鸡：25 小鸡：70

```
母鸡：8 公鸡：20 小鸡：72
母鸡：11 公鸡：15 小鸡：74
母鸡：14 公鸡：10 小鸡：76
母鸡：17 公鸡：5 小鸡：78
一共循环 735 次。
```

其中，第 2 层循环了 705 次。

1.8 评价标准

本章的程序都不难，只用到数组和函数的知识，能保证程序运行全部正确，即可获得 85～88 分。然后再根据学生自己的发挥，可以考虑给予加分。例如，鼓励学生选做下一节给出的新题目，一般可以加到 88 分以上。如果学生的程序存在局部问题，但有些地方又具有一定的创造性，可以用来弥补失误，对于这种情况，建议低于 85 分。

如果有一个程序完全不正确，成绩不能高于 75 分；有三个程序完全不正确，则不予及格。

1.9 参考题目

（1）普乔柯是苏联著名的数学家，他于 1951 年写成《小学数学教学法》一书。书中有这样一道有趣的题目。商店里三天共卖出 1026 米布，第二天卖出的是第一天的 2 倍，第三天卖出的是第二天的 3 倍。三天各卖出多少米布？

（2）西方传入我国学校里的第一本算术教科书是美国人狄考文编的《笔算数学》。这本书中有这样一道题：甲、乙、丙三艘船共运货 9400 箱，甲船比乙船多运 300 箱，丙船比乙船少运 200 箱，三艘船各运多少箱货？

（3）小明从商店买来一筐苹果，他把这筐苹果的一半给了小妹，然后又给她加了 1 个。接着，他又把剩下的给了小弟一半，也同样给小弟加了 1 个，最后剩下 5 个苹果，他自己留下了。小明共买了多少个苹果？

（4）小红问爷爷多大年龄，爷爷说："把我的年龄加 17，然后用 4 除，减 15，再用 10 乘，恰巧是 100 岁。"小红的爷爷多大？

（5）有三堆火柴，共 48 根。第一次从第一堆里拿出与第二堆根数相同的火柴并入第二堆；第二次再从第二堆里拿出与第三堆根数相同的火柴并入第三堆；第三次再从第三堆里拿出与这时第一堆根数相同的火柴并入第一堆里。经过这样的变动以后，三堆火柴的根数恰好完全相同。原来每堆火柴各有多少根？

（6）英国科学家牛顿曾经写过一本数学书。书中有一道非常有名的关于牛在牧场上吃草的题目，后来人们把这类题目称为"牛顿问题"。"牛顿问题"是这样的："有一个牧场，已知养牛 27 头，6 天把草吃尽；养牛 23 头，9 天把草吃尽。如果养牛 21 头，那么几天能把牧场上的草吃尽呢？假设牧场上的草是不断生长的。"

（7）某人领得工资 240 元，有 2 元、5 元、10 元三种人民币共 50 张，其中 2 元和 5 元的张数一样多，三种人民币各多少张？

（8）一个农民拿一篮鸡蛋到集市上去卖，一个小伙子来买鸡蛋，问农民有多少鸡蛋，全部买完是否便宜点。农民说，蛋不足百只，单买每只 6 分，全卖则每只 5 分。小伙子将鸡蛋三个三个地数余 1，五个五个地数余 2，七个七个地数余 3，农民原打算能卖多少钱？实际上卖给小伙子多少钱？

第 2 章

求解简单的逻辑题

计算机强大的逻辑分析功能是由人通过程序赋予它的。一些逻辑问题必须转换成计算机能够看得懂的数学表达式和一定的程序指令。本课程设计主要练习如何将人对问题的思考转换为计算机能解的数学表达式,并结合课程设计讨论使用计算机解题的一般步骤。

2.1 寻找成绩最佳者

已知 4 位同学中的一位数学考了 100 分。当小李询问这 4 位是谁考了 100 分时,4 个人的回答如下:

A 说:不是我。
B 说:是 C。
C 说:是 D。
D 说:他胡说。

已知三个人说的是真话,一个人说的是假话。现在要根据这些信息,找出考 100 分的人。

2.1.1 计算机求解逻辑思维题的方法

1. 逻辑思维的计算机表示

为了解这道题,需要学习如何通过逻辑思维与判断找到解这类问题的思路。

为了使用计算机解这个问题,首先要解决如何将"是"和"否"写成关系表达式,也就是要将 4 个人所说的 4 句话写成关系表达式。为此,要定义一种字符型变量。这里用 thisman 表示要寻找考了 100 分的人。在程序中写入如下语句:

```
char thisman=' ';    //定义字符型变量并将其初始化为空
```

接着让"=="在这里的含义为"是",让"!="在这里的含义为"不是"。利用关系表达式可以将 4 个人所说的话表示成表 2-1 所示的关系。注意 D 说的"他胡说"是针对 C 的,所以他的意思是"不是我",其表达式就是 thisman!='D'。

表 2-1 使用关系式表达说话人所说的话

说 话 人	说话人所说的话	写成关系表达式
A	"不是我"	thisman!='A'
B	"是 C"	thisman=='C'
C	"是 D"	thisman=='D'
D	"他胡说"	thisman!='D'

在具体赋值时,C++ 中的字符在存储单元中是以 ASCII 码的形式存放的。因此,用赋值语句 thisman='A' 或 thisman=65 是等效的,至于使用哪种方法,取决于程序的具体编制方法。

2. 使用枚举法解题的思路

A、B、C、D 这 4 个人中只有一位考了 100 分，令考 100 分者为 1，未考 100 分者为 0，表 2-2 给出可能具有的 4 种状态。

表 2-2 可能具有的 4 种状态

状态	A	B	C	D	状态	A	B	C	D
1	1	0	0	0	3	0	0	1	0
2	0	1	0	0	4	0	0	0	1

从表中可见，状态 1 表示 thisman='A' 成立；状态 2 表示 thisman='B' 成立。以此类推，可以将这 4 种状态与赋值表达式的关系简化成表 2-3。

表 2-3 简化后的状态与赋值表达式的关系

状态	赋值表达式	状态	赋值表达式
1	thisman='A'	3	thisman='C'
2	thisman='B'	4	thisman='D'

显然第 1 种状态是假定 A 考了 100 分，第 2 种状态是假定 B 考了 100 分……所谓枚举，就是按照这 4 种假定逐一地去测试 4 个人的话有几句是真话。根据"已知三个人说的是真话，一个人说的是假话"的条件，如果测试结果不满足 3 句为真，就否定掉这一假定，换下一个状态再试。具体做法如下：

（1）假定让 thisman='A'，代入 4 句话中则得到表 2-4。

表 2-4 thisman='A' 的求值表

状态	说的话	关系表达式	值	状态	说的话	关系表达式	值
A	thisman!='A'	'A'!='A'	0	C	thisman=='D'	'A'=='D'	0
B	thisman=='C'	'A'=='C'	0	D	thisman!='D'	'A'!='D'	1

这 4 个关系表达式的值的和为 0+0+0+1=1，显然 A 没有考到 100 分。

（2）假定让 thisman='B'，代入 4 句话中则得到表 2-5。

表 2-5 thisman='B' 的求值表

状态	说的话	关系表达式	值	状态	说的话	关系表达式	值
A	thisman!='A'	'B'!='A'	1	C	thisman=='D'	'B'=='D'	0
B	thisman=='C'	'B'=='C'	0	D	thisman!='D'	'B'!='D'	1

这 4 个关系表达式的值的和为 2，显然不是 B。

（3）假定让 thisman='C'，代入 4 句话中则得到表 2-6。

表 2-6 thisman='C' 的求值表

状态	说的话	关系表达式	值	状态	说的话	关系表达式	值
A	thisman!='A'	'C'!='A'	1	C	thisman=='D'	'C'=='D'	0
B	thisman=='C'	'C'=='C'	1	D	thisman!='D'	'C'!='D'	1

这 4 个关系表达式的值的和为 3，所以 C 考了 100 分。

因为已经有了结果，所以不需要再试。当然，如果你不相信，可以将 thisman='D' 代入 4 句话中验证，可以知道不是 D 考了 100 分。

综上所述，一个人一个人去试，就是枚举。从编写程序看，实现枚举最好用循环结构。

2.1.2 使用枚举解题的参考程序

根据解题思想，可以用不同的编程方法实现。下面是一种解决方法。

```
#include<stdio.h>                    // 预编译命令
void main()
{
   int k=0, sum=0, flag=0;
   char thisman=' ';                 // 初始化为空字符
   //A 的 ASCII 码是 65，64+1 正好表示 A
   for (k=1; k<=4; k++)              //k 既是循环控制变量，也表示第 k 个人
   {
       thisman=64+k;                 // 每次换一个人试验
       sum=(thisman!='A') + (thisman=='C') + (thisman=='D') + (thisman!='D');
       if (sum==3)
                                     // 如果 4 句话有 3 句话为真，则输出该人
       {
           printf("考 100 分者为 %c\n",thisman);
           flag=1;                   // 有解，标志置 1
       }
   }
   if (flag!=1)                      // 无解
   printf("无解！");
}
```

注意，答案为 C。如果无解，应该给出相应信息。

2.2 寻找肇事车辆

本节先给出计算机解题的一般步骤，然后结合这个步骤，完成这个课程设计。

2.2.1 计算机解题的一般步骤

一般说来，首先要对计算机解决问题的步骤有个初步的认识。使用 C 语言解题的一般步骤如下：

（1）设计一个解题的方法。

（2）使用一种方式把它描述出来。

（3）把它们转化成程序形式。

（4）在计算机上编辑成 C 的源文件。

（5）编译 C 程序源文件的过程，同时也是查错的过程。如果不能正确编译，进行查错，直到产生正确的 obj 文件。

（6）运行 exe 文件，得出初步结果。

（7）验证结果是否正确。如果结果不正确，就要返回去查找原因，直到运行结果正确为止。

表面上看，运行结果不正确要返回到第（4）步检查程序，其实这是对第（3）步的复查。如果算法设计不对，要转到第（1）步，即重复第（1）～（4）步。如果题目复杂，则要从头

开始。因此，一定要重视前三个步骤。

下面以求输入两个实数的最大值的程序具体说明一下前面三个步骤。

【选择算法】

显然，这是个逻辑判断过程，所以可以使用逻辑语句进行判断。如果对输入有要求（例如希望有提示信息），也应给予说明。

```
程序开始
    要求提示输入 2 个数字
    赋值给变量 number1，number2
    如果 number1>number2    输出 number1
    否则输出 number2
程序结束
```

【算法描述】

如果使用英文及语句说明，可以像下面这样说明：

```
BEGIN
   Print  InputMessage
   Input number1, number2
   IF number1>number2 THEN
      Print number1
   ELSE
      Print number2
   ENDIF
END
```

【编程实现】

下面是 C 语言的实现程序。

```c
#include <stdio.h>
void main( )
{
  double  number1, number2;
  printf("Please input two numbers :\n");
  scanf("%lf%lf",& number1,& number2);
  if(number1 > number2)
      printf("max=%lf\n", number1);
  else
      printf("max=%lf\n", number2);
}
```

2.2.2 课程设计内容

一辆汽车撞人后逃跑。4 个目击者提供如下线索：

甲：牌照 3、4 位相同。   乙：牌号为 31xxxx。

丙：牌照 5、6 位相同。   丁：3～6 位是一个整数的平方。

要求按前面介绍的三个步骤描述求解问题的相应内容。

【选择算法】

为了从这些线索中求出牌照号码，只要求出后四位再加上 31000 即可。这四位又是前两位相同，后两位也相同，互相不相同并且是某个整数的平方的数。利用计算机计算速度快的特点，把所有可能的方式都试一下，从中找出符合条件的数。这就是所谓的枚举法。

【算法描述】

对于后面 4 位数，1000 的平方根 > 31，所以枚举试验时不需从 1 开始，而是从 31 开始寻找一个整数的平方。直接使用 for 语句格式，用循环变量与 endfor 构成结束标记。

```
BEGIN
  for(i=1; i<=9; i++)
   for(j=0; j<=9; j++)
     IF  i ≠ j   THEN
     {
       i*1000+i*100+j*10+j->k
       for(c=31;  c*c<k;  c++);
          IF   c*c=k   THEN
             printf("牌照号码是: %ld\n",310000+k);
          ENDIF
       endforc
     }
     ENDIF
   endfori
  endforj
END
```

其实，for 语句可以使用语句直接描述，使用 endfor 指出结束的地方。一般使用 endif、endfor 和 endwhile 语句与 if、for 和 while 语句相配合以指示结束的地方，这有助于算法的阅读和理解。

【编程实现】

将它们转换成 C 程序如下：

```c
#include <stdio.h>
void main( )
{
    int i,j,k,c;
    for(i=1; i<=9; i++)
      for(j=0; j<=9; j++)
        if(i!=j)
        {
           k=i*1000+i*100+j*10+j;
           for(c=31; c*c<k; c++);
             if(c*c==k)
               printf("牌照号码是: %ld.\n",310000+k);
        }
}
```

运行后，输出如下：

牌照号码是: 317744

解题需要具体的算法，而描述算法的方式很多，称为算法描述。如果使用接近自然语言的方式描述，称为伪 C 语言。这种方法简单易懂，本书中比较简单的例题和习题，仅使用伪 C 语言描述。

2.2.3 计算机解题小结

这两个课程设计虽然没有涉及复杂的逻辑运算，但已经能说明计算机解题的一般思路。通过本章的学习，可以简单地总结如下：

（1）计算机解题的重要一步是要将人的想法表示成机器能够实现的表达式、数学公式或操作步骤。

（2）计算机解题首先遇到的问题可能是"是"还是"否"、"等于"还是"不等于"、"大于"还是"小于"等。要把这些描述成关系表达式，就要使用关系运算符，因此灵活地使用关系运算符就显得十分重要。

（3）用计算机解题很多时候都要涉及逻辑运算，因此掌握逻辑运算符和逻辑表达式的构成也是十分重要的。

（4）用计算机解题往往需要从多种可能性中去寻找其中的一种或几种，因此，最容易想到的也是最容易做到的就是"枚举法"。

（5）使用枚举法会遇到大量重复计算的问题，自然要用到程序的循环结构，因此掌握循环结构的程序设计是一个非常重要的基本功。

（6）分支是计算机思维的很重要的一个方式，需要掌握并能灵活运用。

2.3 评价标准

本章的设计演示了计算机解决问题的一般步骤，目的是训练结构化程序设计的基本技术。只要能保证程序运行全部正确，即可获得 85～88 分。然后再根据学生自己的发挥，可以考虑给予加分。例如，给出第一个课程设计的三个步骤，使用菜单选择两个问题的求解等。也鼓励学生选做新的题目。一般可以加到 88 分以上，但严格控制 90 分以上学生的数量。如果学生的程序存在局部问题，但有些地方又具有一定的创造性，可以用来弥补失误，对于这种情况，建议低于 85 分。

如果有一个程序完全不正确，成绩不能高于 75 分；有两个程序完全不正确，则不予及格。

第 3 章 求解复杂的逻辑题

计算机求解的方法是多变的，本章介绍使用两种方法求解复杂的逻辑题，以便进一步掌握将欲求解的问题转换为计算机能解的数学表达式的方法。

3.1 逻辑运算符与逻辑表达式

1. 逻辑与

逻辑与使用符号 && 表示。假设有变量 A 和 B，则 A && B 的真值表如表 3-1 所示。

表 3-1　A && B 的真值表

A	B	A && B	A	B	A && B
0	0	0	0	1	0
1	0	0	1	1	1

如果把 A 和 B 作为串联的两个开关，显然只有两个开关都闭合电路才能接通。把开关闭合作为 1，这就是 1 && 1 = 1 的含义。

2. 逻辑或

逻辑或的运算符号是 ‖。假设有变量 A 和 B，则 A ‖ B 的真值表如表 3-2 所示。

表 3-2　A ‖ B 的真值表

A	B	A ‖ B	A	B	A ‖ B
0	0	0	0	1	1
1	0	1	1	1	1

如果把 A 和 B 作为并联的两个开关，显然只要有 1 个开关闭合电路就能接通。把开关闭合作为 1，则 1 ‖ 1 = 1 的含义是两个开关均闭合。

3. 逻辑非

逻辑非的运算符号是！，它是针对一个变量的，假设有变量 A，则 !A 的真值表如表 3-3 所示。

一般常把它用在复杂判断的表达式中。例如乒乓球单打比赛，必须比赛双方都到场才能开始。假设用变量 A 和 B 表示参加比赛的两个人。A 表示 A 到场，!A 表示 A 不到场。同理，B 表示 B 到场，!B 表示 B 不到场。假设用逻辑变量 C 表示比赛能够进行。则有：

C = A && B

用逻辑变量 D 表示比赛不能进行，显然 D = !C。这里要求不用 C 表示，而直接用 A 和 B 来表示。可以理解为只要 A 不到场或 B 不到场，比赛就无法进行，即

D = !A ‖ !B

表 3-3 A! 的真值表

A	A!	A	A!
0	1	1	0

3.2 用另一种方法求解谁考了满分

第 2 章的题目是：已知 4 位同学中的一位数学考了 100 分。当小李询问这 4 位是谁考了 100 分时，4 个人的回答如下：

A 说：不是我。
B 说：是 C。
C 说：是 D。
D 说：他胡说。

已知三个人说的是真话，一个人说的是假话。现在要根据这些信息，找出考 100 分的人。
现在把这 4 个条件分别用 tj1、tj2、tj3 和 tj4 表示，将每一条用逻辑表达式写出来。

（1）A 说：不是我。表示为 tj1 = !A。
（2）B 说：是 C。表示为 tj2 = C。
（3）C 说：是 D。表示为 tj3 = D。
（4）D 说：他胡说。表示为 tj4 = !D。

将它们归纳为一个判断条件 tj，但并不是这 4 条都要成立，所以不能使用

$$tj = tj1 \ \&\& \ tj2 \ \&\& \ tj3 \ \&\& \ tj4$$

来判断，应判别 tj1 + tj2 + tj3 + tj4 = 3，即判断 tj == 3。

变量为 A、B、C、D，变量 ABCD 整体从 0000 变到 1111。仍然使用枚举实现。

不过要注意，tj 会有 4 次为 3 的组合方式，但只能有一次是正确的。这可以由

$$A + B + C + D$$

只能为 1 来限制，所以用条件

```
(tj1+tj2+tj3+tj4==3) && (A+B+C+D == 1)
```

即可挑出符合条件的一个。

```c
// 寻找成绩最佳者的参考程序
#include<stdio.h>                        // 预编译命令
void main()
{
    int tj1,tj2,tj3,tj4;
    int A,B,C,D;
    char str[2][7]={" 不是我 "," 是我 "};   // 初始化为空字符
    for (A=0; A<=1; A++)
        for (B=0; B<=1; B++)
            for (C=0; C<=1; C++)
                for (D=0; D<=1; D++)
                {
                    tj1=!A;
                    tj2=C;
                    tj3=D;
                    tj4=!D;
                    if ((tj1+tj2+tj3+tj4==3) && (A+B+C+D == 1))
```

```
                    {   // 如果 4 句话有 3 句话为真且是唯一解，则输出结果
                        printf("A:%s\n",str[A]);
                        printf("B:%s\n",str[B]);
                        printf("C:%s\n",str[C]);
                        printf("D:%s\n",str[D]);
                    }
                }
            }
```

程序运行结果如下：

A：不是我
B：不是我
C：是我
D：不是我

3.3 寻找作案人

本节的课程设计是使用两种方法寻找作案嫌疑人。话说在某地发生了一桩疑案，公安局对涉及此案的 6 个嫌疑人的情况进行分析。假设用 A、B、C、D、E、F 表示这 6 个嫌疑人。

（1）A 和 B 至少有一个人作案。
（2）A 和 D 不可能是同案犯。
（3）A、E 和 F 这 3 人中，至少有两人参与作案。
（4）B 和 C 或者同时作案，或者均与本案无关。
（5）C 和 D 中有且只有 1 人作案。
（6）如果 D 没有参与作案，则 E 也不能参与作案。

试编写一个程序，将作案人找出来。要求先使用 6 重循环解题，然后改用位运算取代 6 重循环解题。

3.3.1 解题思路

1. 将每一条分析写成逻辑表达式

把这 6 个条件分别用 tj1、tj2、tj3、tj4、tj5 和 tj6 表示，将每一条用逻辑表达式写出来。变量为 A、B、C、D、E、F，变量 ABCDEF 整体从 000000 变到 111111。

（1）tj1：A 和 B 至少有一个人作案。这是或的关系，即

$$tj1 = (A \parallel B)$$

（2）tj2：A 和 D 不可能是同案犯。A && D 表示他们是同案犯，不可能是同案犯即

$$tj2 = !(A \&\& D)$$

当然，A = 0，B = 0 时，A && B 为 0，而 tj2 = 1，这种多余的情况将由其他条件剔除。

（3）tj3：A、E 和 F 这 3 人中，至少有两人参与作案。有如下 3 种可能：

① A 和 E 作案，写成 (A && E)。
② A 和 F 作案，写成 (A && F)。
③ E 和 F 作案，写成 (E && F)。

这 3 种可能是或的关系，所以写成

$$tj3 = (A \&\& E) \parallel (A \&\& F) \parallel (E \&\& F)$$

三个变量 AEF 有 8 种组合方式，所以 tj3 有 8 种真值，可以做出它的真值表以帮助理解。

tj3 有 4 种情况为 1，4 种情况为 0。

（4）tj4：B 和 C 或者同时作案，或者均与本案无关。

①同时作案写成（B && C）。

②均与本案无关写成（!B && !C）。

两者为或的关系，因此有

$$tj4 = (B\ \&\&\ C) || (!B\ \&\&\ !C)$$

表 3-4 给出 tj4 的真值表以加深理解。

表 3-4 tj4 的真值表

B	C	!B	!C	B && C	!B && !C	tj4
1	1	0	0	1	0	1
1	0	0	1	0	0	0
0	1	1	0	0	0	0
0	0	1	1	0	1	1

（5）tj5：C 和 D 中有且只有 1 人作案。

$$tj5 = (C\ \&\&\ !D) || (!C\ \&\&\ D)$$

（6）tj6：如果 D 没有参与作案，则 E 也不能参与作案。这种比较麻烦，先根据情况做出如表 3-5 所示的 tj6 的真值表，对真值表进行分析，从而构造出满足需要的表达式。

表 3-5 tj6 的真值表

D	E	!E	tj6
1	1	0	1
1	0	1	1
0	0	1	1
0	1	0	0

D 作案，将它的值填 1，无论 E 是否作案，tj6 的值都为 1，这就是前两行的情况。当 D 不作案时，E 也不可能作案，即 tj6 = 1，!E = 1，对应第 3 行。最后一行是 E = 1，即 D 不作案而 E 却作案了，这是不可能的，所以 tj6 = 0。由此可得

$$tj6 = D || (!E)$$

将这 6 个条件归结成一个破案综合判断条件。

$$tj = tj1\ \&\&\ tj2\ \&\&\ tj3\ \&\&\ tj4\ \&\&\ tj5\ \&\&\ tj6$$

当 tj 为 1 时，说明这 6 条的每一条都满足了，从而找出作案人。

2. 使用枚举法解题

6 个嫌疑人，每人有作案和不作案两种情况，就有 26 种组合。枚举就是用这 64 种情况逐一去试。枚举 ABCDEF，就是使这 6 个变量整体从 000000 变到 11111。

对本课程设计而言，根据是否使用 6 重循环，可以给出两种解题方法。

3.3.2 使用 6 重循环解题

```
// 使用 6 重循环解题
```

```c
#include<stdio.h>                                    // 预编译命令
void main()
{
  int tj1,tj2,tj3,tj4,tj5,tj6;
  int A,B,C,D,E,F;
  char str[2][9]={" 不是罪犯 "," 是罪犯 "};            // 初始化字符数组
  // 使用 6 重循环
  for (A=0; A<=1; A++)
      for (B=0; B<=1; B++)
          for (C=0; C<=1; C++)
              for (D=0; D<=1; D++)
                  for (E=0; E<=1; E++)
                      for (F=0; F<=1; F++)
                      {
                          tj1 = A || B;
                          tj2 = !(A && D);
                          tj3 = (A && E) || (A && F) || (E && F);
                          tj4 = (B && C) || (!B && !C) ;
                          tj5 = (C && !D) || (D && !C) ;
                          tj6 = D || (!E) ;
                          // 判断是否符合条件，符合则打印结果
                          if (tj1 + tj2 + tj3 + tj4 + tj5 +tj6 == 6 )
                          {
                          printf("A:%s\n",str[A]);
                          printf("B:%s\n",str[B]);
                          printf("C:%s\n",str[C]);
                          printf("D:%s\n",str[D]);
                          printf("E:%s\n",str[E]);
                          printf("F:%s\n",str[F]);
                          }
                      }
}
```

运行结果如下：

A:是罪犯
B:是罪犯
C:是罪犯
D:不是罪犯
E:不是罪犯
F:是罪犯

3.3.3 使用移位的方法解题

表 3-6 是整体从 000000 变到 111111 的 64 种示意图。表中 n 为组合号，n 为 0 的情况是 6 个人都没作案，n 为 63 则代表 6 个人都是作案者。

表 3-6 枚举的 64 种示意图

n	A	B	C	D	E	F
0	0	0	0	0	0	0
1	0	0	0	0	0	1
2	0	0	0	0	1	0

						(续)
n	A	B	C	D	E	F
…	…	…	…	…	…	…
63	1	1	1	1	1	1

直接枚举 64 种情况，循环控制变量取 *n*，让 *n* = 0，1，2，…，63，去试能否符合破案综合判断条件 tj。

由表 3-6 可见，知道 *n* 的值，就可以知道 A、B、C、D、E、F 的值。把它们看作内存中的二进制存储，即 F 为第 0 位，A 为第 5 位。显然 F 的值最容易计算，让 *n* 与 1 相与。执行

```
F = n & 1;
```

指令，就可得到最后一位的值了。对于 E 而言，如果 E 的值正好是 1，则 E & 2 的值是 2，这就要将这个值右移一位。对这个结果使用移位指令即可实现，即

```
E = ( n & 2) >>1;
```

以此类推，即可求出其他几个变量的值。

```
// 使用移位指令实现 64 次枚举的程序
#include<stdio.h>
void main()
{
    int tj1,tj2,tj3,tj4,tj5,tj6;
    int A,B,C,D,E,F;
    char str[2][9]={" 不是罪犯 "," 是罪犯 "};

    int i;
    for (i=0; i<=63; i++)
    {
        A = ( i & 32) >>5;
        B = ( i & 16) >>4;
        C = ( i & 8) >>3;
        D = ( i & 4) >>2;
        E = ( i & 2) >>1;
        F = i & 1;

        tj1 = A || B;
        tj2 = !(A && D);
        tj3 = (A && E) || (A && F) || (E && F);
        tj4 = (B && C) || (!B && !C) ;
        tj5 = (C && !D) || (D && !C) ;
        tj6 = D || (!E) ;
        if (tj1 + tj2 + tj3 + tj4 + tj5 +tj6 == 6)
        {
            printf("A:%s\n",str[A]);
            printf("B:%s\n",str[B]);
            printf("C:%s\n",str[C]);
            printf("D:%s\n",str[D]);
            printf("E:%s\n",str[E]);
            printf("F:%s\n",str[F]);
        }
```

                }
        }

程序运行结果如下：

A：是罪犯
B：是罪犯
C：是罪犯
D：不是罪犯
E：不是罪犯
F：是罪犯

3.4 评价标准

本章的课程设计使用两种方法解题。6重循环是必做题，移位运算可以作为选做题。只要能保证程序运行全部正确，即可获得85～88分。然后再根据学生自己的发挥，可以考虑给予加分。也鼓励学生选做新的题目（3.5节参考题目）。一般可以加到88分以上，但严格控制90分以上学生的数量。如果学生的程序存在局部问题，但有些地方又具有一定的创造性，可以用来弥补失误，对于这种情况，建议低于85分。

3.5 参考题目

下面给出两个参考题目，供学生选择。

参考题目1：教堂中来了A、B、C三个新郎和X、Y、Z三个新娘，问新人中的三位，他们互相与谁结婚。下面是三个人的回答，但全是假话，判断他们谁与谁结婚。

A说他与X结婚。
X说她和C结婚。
C说他与Z结婚。

参考题目2：两个乒乓球队进行比赛，各队出3人。甲队为李明、张三、王军，乙队为赵平、郭民、田四，抽签决定比赛名单之后，有人向队员打听比赛名单。李明说他不和赵平比，王军说他不和赵平、田四比，请找出3对赛手的比赛对手。

第 4 章
函数与多文件编程

本章课程设计的目的是学习函数类型和参数的设计,以及头文件的作用及其编制方法。设计还要求结合具体的编程环境,使用多文件编程原理,组成一个工程文件,为编制实用程序打下基础。建议读者结合附录 D 熟悉 C 语言编程的三个典型结构。

4.1 设计要求

4.1.1 功能设计要求

设计要求实现如下功能:
(1)编写分配一块内存的程序 init。
(2)编写完成读进 10 个双精度值的函数 readin,函数能将这些值存入由函数 init 申请的存储块中。
(3)编写计算这些值的积的函数 product。
(4)编写一个 sort 函数,用来将存储块中的 10 个双精度的值读入数组 a 中,然后将 a 中的数据按由小到大的顺序排序。
(5)再用 init 分配一块内存,将数组 a 的内容乘以 10,并存到这块内存中。
(6)在主程序中调用它们,输出第 1 次申请的内存块中的内容和数组排序后的内容,按反序输出第 2 次申请的内存块中的内容。

4.1.2 具体实现要求

设计的具体要求如下:
(1)分别编写头文件和 C 文件。
(2)文件与相应的函数关系如下:

文件	函数
s4.c	main
s4.h	函数声明等
init.c	init
readin.c	readin
product.c	product
sort.c	sort

(3)要求在主函数调用分配内存的函数 init 后,判断是否分配成功。如果分配不成功,则退出主程序。
(4)要求使用工程文件装配它们。

4.2 函数设计注意事项

设计函数时，需要正确设计函数类型、函数参数传递方式和返回值。

4.2.1 函数参数传递方式

C语言函数参数的传递方式只有传值一种。传值又分为传变量值和传变量地址值，即变量的数值和变量的地址值均可以作为C函数的参数。

传数值是将实参的数值传递给形参，形参拥有实参的一个备份，当在函数中改变形参的值时，改变的是这个备份中的值，不会影响原来实参的值。传数值方式可以防止被调用函数改变参数的原始值，这在很多场合是很重要的。

如果将指向参数的指针作为参数传递，则传递的是参数的地址值。因为传递的是形参的地址值，所以就是传递实参本身。当在函数中改变形参的值时，改变的就是原来实参的值。

数组只能使用传地址值的方式。因为数组名就是存储数组的首地址，所以数组名作为参数传递时，传递的是地址值，因此被调用函数能够改变数组原来的内容。

对结构而言，结构变量的值是指结构变量所有域变量的值，参数传递中传递"结构变量值"是指传递结构变量所有的域成员值，传递"变量地址值"是指结构变量的首地址值。如果结构很大，传结构变量就要花费很长时间。大多数程序设计者为提高运行效率，用结构作参数时，通常使用结构变量的指针来传递结构变量的地址值，而不是传递结构变量的数值。

参数传递中不要混淆传地址值和传地址的区别。C语言没有传递地址的方式，它传地址值时，传递的是值不是地址，传递变量地址值使用变量指针作为参数。

用const声明传递函数参数，意思是通知函数只能使用参数而无权修改它。这主要是为了提高系统的自身安全。

4.2.2 函数类型和返回值

返回值必须和函数类型相一致。从返回值的角度看，函数的返回值类型可以是除数组和函数以外的任何类型。定义一个函数，要正确选择函数返回值。非void类型的函数必须向调用者返回一个值。该值可以是标量变量，也可以是复合变量。标量变量指那些声明为基本类型的变量，返回值置于寄存器中。数组只能返回地址值。复合变量是指结构等构造类型的变量。这种复合变量比较特殊，既可以返回结构变量，也可以返回结构指针。

其实，函数的返回值与函数的参数传递方式也有密切关系，有时是因为传递参数的方式对函数的返回值有所要求。

4.2.3 结构与函数

由于结构可以整体赋值，因此既可以把结构作为值参数传递给函数，也可以定义返回结构值的函数。一般可以在函数中使用如下3种方法处理存储在结构中的数据：

（1）把个别结构成员的值传递给函数处理。
（2）把整个结构作为参数传递给函数，这种参数称为结构参数。
（3）把结构的地址值传递给函数，也就是传递指向结构的指针，这称为结构指针参数。

传递结构参数是传值方式，这种方式的优点是语义非常清楚，缺点是需要复制整个结构。如果被处理的结构很大，多次复制将非常耗时，使用指针方式可以避免复制整个结构。

4.3 函数和算法分析

可以将申请一个存储块的函数设计为 `double *init(int n)`，init 函数返回一个指向成功分配的存储区的首地址。从键盘读取的初值要存入到这个申请的存储块中，因此读取函数应取指向 `double` 的指针作参数，即设计为 `void readin(double*)`，形参是指针，因为该函数直接修改由实参值作基地址的存储块的内容，它不再需要返回值，所以将它设计为 `void` 型函数。

设计 `product` 函数返回存储块中所存放元素的积。它需要 3 个参数，存储区的地址已经赋给了指针参数，数量为 n，通过一个 `double` 指针实现传址。因为通过指针传递乘积，所以函数本身也没有返回值。将它设计为 `void product(double *, double *, int)`。

设计 `sort` 函数将存储内容存入数组 a 并对它进行排序，所以它也没有返回值。它需要读取存储内容，所以设计为 `void sort(double *, double [],int)`。`double[]` 是实型数组的原型表示，数组名即数组的首地址。

在头文件 s4.h 中定义 SIZE 并声明所有函数原型，主函数调用它们即可。算法描述如下：

```
BEGIN
    double *x, *y, res,a[10];
    if ( ( x = init(SIZE) ) = = NULL)
            return 0;
    readin(x);
    product(x,&res,SIZE);
    print   their product res;
    print   x;
    sort(x,a,SIZE);
    print   a;
    if ( ( y = init(SIZE) ) = = NULL)
            return 0;
    write y;
    print   y;
    free(y);
    free(x);
END
```

4.4 参考程序

本节简要介绍各个文件及函数的设计思想。

1. s4.h 文件

应在头文件中声明所有的函数原型及公用变量。这里使用 `const` 将 SIZE 声明为外部常量，在主函数里再将它定义为整型常量 10。`const` 遵循变量定义规则，不要在头文件里直接定义。可以使用 `#define` 定义，但 C 语言引入了 `const`，所以建议使用 `const`。

```
//s4.h
#include <stdio.h>
#include <stdlib.h>
#include <string.h>
extern const int SIZE;
double *init(int);
```

```
void readin(double *);
void product(double *,double *, int n);
void sort(x,a,SIZE);
```

2. init.c 文件

这个文件很简单，它申请 10 个存储 double 数据的空间，然后返回存储块的首地址，因此返回类型应该是指针。注意别忘记将头文件包含进去。

```
#include "s4.h"
double *init(int n)
{
    return (double*)malloc(n*sizeof(double));
}
```

3. readin.c 文件

它用来将从键盘输入的数据存储到内存块中，所以无需返回值。

```
#include "s4.h"
void readin(double *a)
{
    int i;
    printf("Please enter %d value:\n",SIZE);
    for (i=0; i<SIZE; i++)
        scanf("%lf", a+i);
}
```

4. product.c 文件

```
#include "s4.h"
void product(double *addr,double *result,int n)
{
    for(n--,*result = *(addr + n); --n>=0;*result *= *(addr + n))
        ;    // 空语句
}
```

积的计算是首先取出存储块的最后一个元素，然后依次用它前面的元素和它相乘，从而避免声明新的循环变量。在该函数里使用 *result 就好像它是 double 变量一样。

语句 for 的使用方法很活，因为没有循环体，所以加一个空语句。也可以使用 "{}" 作为空的循环体。例如：

```
for(n--,*result = *(addr + n); --n>=0;*result *= *(addr + n))
 {}
```

5. sort.c 文件

本文件有两个函数，函数 sort 调用函数 swap。

```
#include "s4.h"
void swap(double *, double *);
void sort(double *x, double a[ ], int n)
{
    int i, j, pick;
    for(i=0;i<n;i++)
        a[i]=*(x+i);
    for(i=0; i<(n-1); ++i)
    {
        pick=i;
```

```c
            for(j=i+1; j<n; j=j+1)
            {
                if (a[j] < a[pick])
                    pick=j;
            }
            swap(&a[pick], &a[i]);
        }
    }

void swap(double *p1, double *p2)
{
    double temp;
    temp = *p1;
    *p1 = *p2;
    *p2 = temp;
}
```

6. s4.c 文件

```c
#include "s4.h"

const int SIZE=10;
int main ( )
{
    double *x, *y, res,a[10]={0.0};
    int i;
    if ((x = init(SIZE)) == NULL)
        return 0;
    readin(x);
    product(x,&res,SIZE);
    printf("Their product is: %10.2f\n", res);
    printf("\tx:\n");
    for(i=0;i<SIZE;i++)
    {
        if(i==5) printf("\n");
        printf("%10.2f ",*(x+i));
    }
    printf("\n\ta:\n");
    sort(x,a,SIZE);
    for(i=0;i<SIZE;i++)
    {
        if(i==5) printf("\n");
        printf("%10.2f ",*(a+i));
    }
    printf("\n\ty:\n");
    if((y = init(SIZE)) == NULL)
        return 0;
    for(i=0;i<SIZE;i++,y++)              // 扩大10倍并存入内存
        *y=a[i]*SIZE;
    for(--y,i=SIZE;i>0;i--,y--)
    {
        if(i==5) printf("\n");
        printf("%10.2f ",*y);
    }
    ++y;
    free(y);
```

```
        free(x);
        return 0;
}
```

调用 readin 时，它的实际参数是 x 而不是 &x，这是因为 x 被定义为指针。另外，声明一个 double 变量 res 作为计算结果，而不是声明一个指针，这是因为如果设计为指针，就需要初始化这个指针，而设计为普通变量来实现，可以省去初始化的麻烦。求积函数的第二个参数要求指向 double 的变量指针，&res 正是指向 double 的变量指针。

因为要求反序输出 y 存储块中的内容，所以在写入时将指针移动。在写完之后，指针 y 已经出界，所以要用"--y;"语句。同理，反序输出完毕后，要用"++y"使指针指向申请的内存块首址，以便使用语句"free(y);"释放内存空间。

7. 运行示例

下面是输入 10 个数据的运行结果：

```
Please enter 10 value:
-1.1 -3.3 -5.5 -7.7 -9.9 2.2 4.4 6.6 8.8 10.10
Their product is: -8642085.79
    x:
    -1.10      -3.30      -5.50      -7.70      -9.90
     2.20       4.40       6.60       8.80      10.10
    a:
    -9.90      -7.70      -5.50      -3.30      -1.10
     2.20       4.40       6.60       8.80      10.10
    y:
   101.00      88.00      66.00      44.00      22.00
   -11.00     -33.00     -55.00     -77.00     -99.00
```

4.5 组成一个工程

假设建立工程的名称为 s4，可按如下步骤进行。

1. 建立控制台应用程序

（1）选中 File 菜单的 New 命令，弹出 New 对话框，并自动选中 Projects 选项卡。

（2）在这个栏中选择 Win32 Console Application 项，在右边 Project name 输入框中输入工程名称 s4。系统自动把这个工程置于原来设置的工作目录下。

（3）单击 OK 按钮即可进入 Win32 Console Application 制作向导的第一步。

（4）选择 An empty project 项，自动生成工程 s4。图 4-1 是最终完成的工程图。

2. 建立文件

（1）选中图 4-1 中的 FileView，进入空工程。单击它，展开树形结构。选中 s4 files 结点，展开向导建立的内容。这时 Source Files 里是空的，没有 C 程序的源文件名称。选中 Source Files 标记，再从 File 菜单中选 New 命令，又弹出 New 对话框。不过这次给出的是如图 4-2 所示的 Files 选项卡的内容。

（2）选中图 4-2 中的 C++ Source File 选项，在右方的 File 输入框中输入 C 程序文件名。这里输入的名字为 s4.c。注意一定要加后缀 .c，系统默认的后缀是 .cpp，即 C++ 文件。单击 OK 按钮，返回集成环境。图 4-1 给出在编辑框里编辑源程序 s4.c 的示意图。

（3）用同样方法加入其他几个 C 文件。

函数与多文件编程　　　　　　　　　　　　　　　　　　　　　　　　　　　　　　　　37

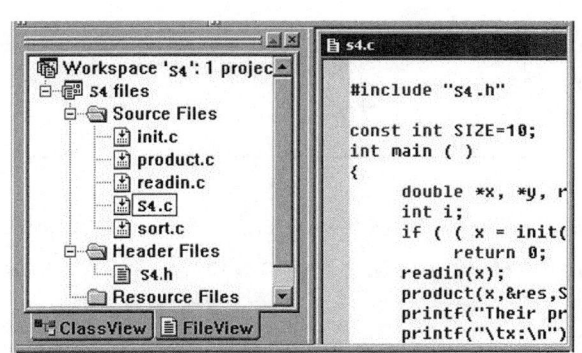

图 4-1　完成后的 s4 工程示意图

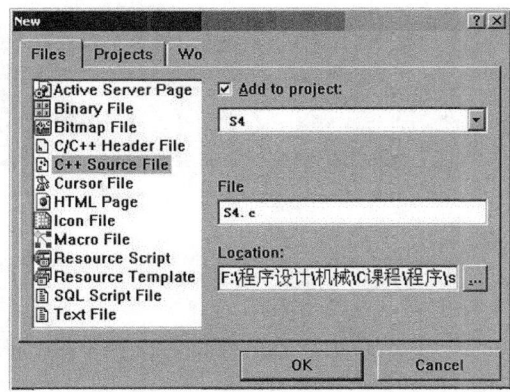

图 4-2　New 对话框 Files 选项卡内容示意图

（4）选中图 4-1 中的 Header Files，使用添加 C 文件的同样方法，只是这时选中图 4-2 中的 C/C++ Header File 选项，添加头文件 s4。C 和 C++ 头文件的后缀一样，所以无需给出后缀。

最终完成的工程如图 4-1 所示。编译运行程序即可。

4.6　评价标准

全部做对，可给 78 ~ 83 分，使用不同的实现方法，可以考虑给 85 分。对有创意的设计，可以再加分。如果不能正确地使用工程，则判为不及格。如果有两个文件有错误，也判为不及格。如果有一个文件错误，则低于 75 分。

第 5 章 结构数组与文件

结构数组和文件的应用很广。结构数组常常作为函数的参数及返回值,而文件也常常把结构数组作为写入和读出的对象。本章课程设计的目的是通过使用结构数组建立职工档案信息文件以加强这方面的训练,以期掌握它们的基本性质和使用方法。为了节省篇幅,设计不要求使用多文件编程,但要求使用头文件和菜单,并组成一个工程文件,以便更接近实用程序。

鉴于软件测试是软件工程的一个重要环节,所以本章要求对编写的程序进行测试。

5.1 设计要求

设计要求实现如下功能。

(1)建立 wkrs 职工数据结构,结构含有姓名、序号、性别和年龄信息。

(2)设计一个 readin 函数,用问答式输入 10 个职工的信息并存入结构数组 wk 中,然后将数组 wk 的内容存入名为 workers 的文件中。

(3)编写一个 display 函数,要求使用结构指针作为参数,将文件 workers 的内容一次读入到结构数组 wkd 中,然后输出 wkd 中的内容。

(4)建立 wkr 职工简明数据结构,结构只含有姓名和年龄信息。

(5)编制一个 srt 函数:从读入的数组 wkd 中抽取职工姓名和年龄,建立简明结构数组 wkshort 并输出其信息。

(6)编制一个 delwk 函数,可以从结构数组 wkshort 中删去指定的职工记录,如果文件里没有要删去的职工,则输出没有这个职工的信息。如果将内容全部删除,则给出一个已经删空的提示信息并退出该操作。

(7)将上述函数编制在一个文件里,共用一个头文件。

(8)用一个简单的菜单提供上述操作。菜单信息为:

```
printf("1. \n");
            printf("2.\n");
            printf("3.制作简明数据 \n");
            printf("4.删除简明数据 \n");

            printf("5.Goodbye!\n");
1.输入数据并存文件
2.读并显示文件数据
3.制作简明数据
4.删除简明数据
5.退出运行,再见!
左边数字对应功能选择,请选 1-5:
```

5.2 算法分析

1. 结构数组

根据要求，可以定义它们各自的数据结构及其结构数组如下：

```
#define number  10
struct wkrs{
      char num[10];
      char name[10];
      char sex[3];
      int age;
}wk[number],wkd[number];

struct wkr{
      char name[10];
      int age;
}wkshort[number];
```

因为直接定义它们各自的结构数组，所以各个函数可以直接对这些数组进行操作。

2. 函数类型

如上所述，因为直接定义了结构数组，所以如下函数不需要参数，也不需要返回值。

```
void readin();
display();
void delwk();
void srt();
int menu_select( );
```

结构数组是全局数据，函数 display 可以直接对 wkd 进行操作。即

```
for(i=0;fread(&wkd[i],sizeof( struct wkrs ),1,fp)!=0;i++)
      printf("\n%8s\t%8s\t%6s\t%4d",wkd[i].num, wkd[i].name, wkd[i].sex,wkd[i].age);
```

3. 文件读写操作

文件读写前必须打开文件，完成之后要及时关闭文件。文件读写操作的对象分别是相应的文件和结构数组。写操作是将结构数组里面的内容写入文件，例如将职工结构数组 wk 中的内容写入文件 workers。

```
FILE *fp;
fp = fopen ("workers", "w");
for ( i=0; i<number; i++)
{
      fwrite(&wk[i], sizeof( struct wkrs ), 1, fp );
}
fclose(fp);
```

读文件是将文件内容读入结构数组。读文件时，一定要判别该文件是否存在。根据设计要求，如果不存在，需要退出该函数。对 void 函数而言，使用语句"return;"。

```
if((fp1=fopen("workers","r")) == NULL)
 {
      printf(" 文件打不开 \n");
      return;
 }
```

5.3 参考程序

1. s5.h 文件

```c
#include <stdio.h>
#include <math.h>
#include<stdlib.h>
#include<ctype.h>
#include<string.h>
#define number 2    // 职工人=10,测试改为2
struct wkrs{
    char num[10];
    char name[10];
    char sex[3];
    int age;
}wk[number] ,wkd[number];

struct wkr{
    char name[10];
    int age;
}wkshort[number];

void readin( );
void display( );
void disp( );
void delwk( );
void srt( );
int menu_select(   );
```

2. s5.c 文件

```c
#include "s5.h"
void main( )
{
    for ( ; ; ) {
    switch (menu_select( )) {
        case 1:
            readin();;
            break;
        case 2:
            display();
            break;
        case 3:
            srt( );
            break;
        case 4:
            delwk( );
            break;

        case 5:
            printf(" 退出运行,再见!\n");
            exit(0);
        }
    }
}
//   菜单选择操作
```

```
int menu_select( )
{
    char s[2];
    int cn;

    printf("1. 输入数据并存文件 \n");
    printf("2. 读并显示文件数据 \n");
    printf("3. 制作简明数据 \n");
    printf("4. 删除简明数据 \n");
    printf("5. 退出运行，再见 !\n");
    printf ( "\n 左边数字对应功能选择，请选 1-5: " );
    for(; ;)
    {
       gets(s);
       cn = atoi (s);
       if(cn<1|| cn>5 ) printf("\n 输入错误，重选 1-5: ");
       else         break;
    }

    return cn;
}
/***************************
* readin 函数：输入并建立文件   *
* 约定文件名: workers         *
* 参数: 无                   *
* 返回值: 无                 *
***************************/
void readin()
{
    FILE *fp;
    char ch[10];
    int i;

    printf(" 准备输入职工信息 \n");
    for(i=0; i<number; i++)
    {
        printf(" 序号: ");
        scanf("%s",wk[i].num);
        printf(" 姓名: ");
        getchar();
        gets(ch);
        strcpy(wk[i].name, ch);
        printf(" 性别: ");
        scanf("%s",wk[i].sex);
        printf(" 年龄: ");
        scanf("%d",&wk[i].age);
    }

    printf(" 输入结束! \n");
    fp = fopen ("workers", "w");
    for(i=0; i<number; i++)
        fwrite(&wk[i], sizeof( struct wkrs ), 1, fp );
    fclose(fp);
    printf(" 存入文件 workers。\n");
}
```

```c
// 写入文件和读出文件的正确性验证
/*******************************
* display 函数：文件读入数组 wkd  *
*              显示 wkd 里的内容  *
* 约定文件名：workers            *
* 参数：结构指针                 *
* 返回值：无                    *
********************************/
void display()
{
    FILE *fp;
    int i;
    char *c[4]={"序号","姓名","性别","年龄"};

    if((fp=fopen("workers","r")) == NULL)
    {
        printf(" 文件打不开 \n");
        return;
    }

    printf("\n%8s\t%8s\t%6s\t%4s\n",c[0],c[1],c[2],c[3]);

    for(i=0;fread(&wkd[i],sizeof( struct wkrs ),1,fp)!=0;i++)
    {
        printf("\n%8s\t%8s\t%6s\t%4d",wkd[i].num, wkd[i].name, wkd[i].sex,wkd[i].age);
    }

    printf("\n");
    fclose(fp);
}
/*****************************
* srt 函数：从读入的数组中抽取   *
* 职工姓名和年龄，建立数组       *
* 约定结构数组名：wkshort       *
* 返回值：无                   *
******************************/
void srt( )
{
    int i;
    char *c[4]={"序号","姓名","性别","年龄"};

    for(i=0;i<number;i++)
    {
        strcpy(wkshort[i].name,wkd[i].name);
        wkshort[i].age =wkd[i].age;
    }

    printf("\n 职工简明信息内容: \n");
    printf("%8s\t%4s",c[1],c[3]);

    for(i=0;i<number;i++)
        printf("\n%8s\t%4d",wkshort[i].name, wkshort[i].age);
    printf("\n");
}
```

```
/****************************
 * delwk 函数：在简明结构数组 *
 * 中删除指定人员的信息       *
 * 返回值：无                 *
 ****************************/
void delwk( )
{
    int i, j, flag=0;
    int n=number;
    char na[10]="W";
    char *c[2]={" 姓名 "," 年龄 "};
    printf("\n 输入待删除的职工姓名（输入 0 时结束）。\n");

    while ((strcmp(na, "0")!=0))
    {
        printf("\n 姓名：");
        gets(na);
        for(flag=1, i=0; flag&&i<n; i++)
        {
            if (strcmp(na, wkshort[i].name ) == 0)
            {
                for ( j=i; j<n; j++)
                {
                    strcpy(wkshort[j].name, wkshort[j+1].name);
                    wkshort[j].age = wkshort[j+1].age;
                }
                flag=0;
            }
        }

        if ( !flag )
        {
            n-=1;
            if (n==0)
                printf(" 内容已空 \n");
            else
            {
                printf("\n 删除后的文件内容：\n");
                printf("%8s\t%4s",c[0],c[1]);
                for(i=0; i<n; i++)
                    printf("\n%8s %6d", wkshort[i].name, wkshort[i].age);
            }
        }
        else   printf("\n 没有发现这个职工，重新输入 :\n");
    }
    printf(" 再见！\n");
}
```

5.4 测试程序

制定一个测试计划，对程序进行严格测试。有关程序测试的方法在很多软件工程的教材中均可找到，这里不再赘述。为了少走弯路，应该将一些连续测试放在一起，下面就分步对程序进行测试。

5.4.1 测试菜单和读写空文件

可以把菜单项和读写空文件放在一起，既测试了菜单命令，也测试了部分功能。下面的测试不选择第 1 项而选第 2 项，用来验证没有文件时的操作是否正常。

```
1．输入数据并存文件
2．读并显示文件数据
3．制作简明数据
4．删除简明数据
5．退出运行，再见！
左边数字对应功能选择，请选 1-5：2
文件打不开
1．输入数据并存文件
2．读并显示文件数据
3．制作简明数据
4．删除简明数据
5．退出运行，再见！
左边数字对应功能选择，请选 1-5：// 直接回车，作为输入错误处理
输入错误，重选 1-5：5
退出运行，再见！
```

5.4.2 测试生成和显示职工信息文件

进行这种测试时，应将 number 定义为 2，以便节省时间。生成文件之后，马上测试显示功能。在输入名称时，应该选择带空格的字符串，这里选择"张　三"。序号也要选择非数字格式，这里都加前导"0"。

```
1．输入数据并存文件
2．读并显示文件数据
3．制作简明数据
4．删除简明数据
5．退出运行，再见！
左边数字对应功能选择，请选 1-5：1
准备输入职工信息
序号：0100
姓名：张　三
性别：男
年龄：24
序号：0101
姓名：李玉芬
性别：女
年龄：16
输入结束！
存入文件 workers。
1．输入数据并存文件
2．读并显示文件数据
3．制作简明数据
4．删除简明数据
5．退出运行，再见！
左边数字对应功能选择，请选 1-5：2
序号      姓名     性别    年龄
0100     张　三    男      24
0101     李玉芬    女      16
1．输入数据并存文件
2．读并显示文件数据
```

3．制作简明数据
4．删除简明数据
5．退出运行，再见！
左边数字对应功能选择，请选 1-5：3

5.4.3 测试生成和显示职工简明信息文件

选择第 3 项，生成职工简明信息文件。
职工简明文件内容：
    姓名　　　　　年龄
    张　三　　　　24
    李玉芬　　　　16
1．输入数据并存文件
2．读并显示文件数据
3．制作简明数据
4．删除简明数据
5．退出运行，再见！
左边数字对应功能选择，请选 1-5：4

5.4.4 测试删除操作

选择 4 进入删除操作。必须验证无此职工时的输出信息以及删除部分，退出后再次进入该项继续删除，删除全部内容等。

```
输入待删除的职工姓名：
姓名：0                    // 验证 0 退出操作
没有发现这个职工，重新输入：
退出删除操作。
1．输入数据并存文件
2．读并显示文件数据
3．制作简明数据
4．删除简明数据
5．退出运行，再见！
左边数字对应功能选择，请选 1-5：4
输入待删除的职工姓名：
姓名：李四                 // 验证无此职工情况
没有发现这个职工，重新输入：
姓名：张　三
删除后的文件内容：
    姓名          年龄
    李玉芬         16
姓名：李玉芬
内容已空                   // 验证全部删除
姓名：0                    // 退出删除
```
可以再次选择 3，生成原来的简明文件，以便对删除功能进行测试。

5.4.5 建立符合要求的文件

测试完毕，恢复 number 的值，建立符合要求的程序。下面是输入 10 组信息的例子。

```
序号：0100
姓名：李胜利
性别：男
年龄：24
序号：0101
```

姓名：李　艳
性别：女
年龄：18
序号：0102
姓名：章兰花
性别：女
年龄：22
序号：0103
姓名：赵　杰
性别：男
年龄：28
序号：0104
姓名：张学习
性别：男
年龄：33
序号：0105
姓名：周五蓝
性别：女
年龄：52
序号：0106
姓名：汪海洋
性别：男
年龄：38
序号：0107
姓名：藜　花
性别：女
年龄：34
序号：0108
姓名：刘平平
性别：女
年龄：28
序号：0109
姓名：潘玉锋
性别：男
年龄：18
输入结束！
存入文件workers。

输入完成后，数据存入文件workers，然后返回到主菜单。选择2，显示建立的信息。

序号	姓名	性别	年龄
0100	李胜利	男	24
0101	李　艳	女	18
0102	章兰花	女	22
0103	赵　杰	男	28
0104	张学习	男	33
0105	周五蓝	女	52
0106	汪海洋	男	38
0107	藜　花	女	34
0108	刘平平	女	28
0109	潘玉锋	男	18

再选择3，则建立职工简明信息结构数组，自动输出如下信息：

职工简明文件内容：
　姓名　　　年龄
 李胜利　　　24

李　艳	18
章兰花	22
赵　杰	28
张学习	33
周五蓝	52
汪海洋	38
蔡　花	34
刘平平	28
潘玉锋	18

这时就可以反复删除和重建简明信息文件。

5.5　评价标准

全部做对，可给 78 ～ 88 分，对有创意的设计，可以再加分。如果不能正确地使用工程或者菜单不正确，均判为不及格。如果文件错误较多或功能不正确，也判为不及格。如果有一个小错误，则低于 78 分。

本设计也有意留出一些明显的可改进之处，以便学生自己增加个人设计特色。例如下面的扩充部分，均应考虑加分。

（1）文件只能建立一次，无法在已经存在的文件上继续增加，可以增加这一功能。

（2）改进参考程序的功能，使它更接近实用。例如，对打开文件的正确性进行严格判别。

（3）改进程序的结构，使其模块化更好。

（4）使用多文件编程。

（5）正确地测试程序。

第 6 章
出圈游戏的多种解法

本章将给出 4 种设计出圈游戏的程序，它们分别使用数组和结构完成，目的是让读者熟悉数组、二维字符串数组、动态内存和结构数组的使用方法以及一题多解的思路。

6.1 使用数组设计出圈程序

传说有 30 个乘客同乘一条船，因为严重超载，加上风浪大作，危险万分。船长告诉乘客，只有将全船一半的乘客投入海中，其余人才能幸免于难。无奈，大家只得同意这种办法，并议定 30 个人围成一圈，由第一个人数起，依次报数，数到第 9 人，便把他投入大海中，然后再从他的下一个人数起，数到第 9 人，再将他扔进大海中，如此循环地进行，直到剩下 15 个乘客为止。问哪些位置是将被扔下大海的位置。

由这个传说产生了约瑟夫环的游戏。这里是对约瑟夫环做了一点修改。假设有一个人数为 n 个人的小组，他们按顺时针方向围坐一圈。一开始任选一个正整数作为报数上限值 m，从第一个人开始按顺时针方向自 1 开始顺序报数，报到 m 时停止报数。报数 m 的人出列，然后从他原来所在的顺时针方向的下一个人开始重新从 1 报数，报到 m 时停止报数并出列。如此下去，直至所有人全部出列为止。要求按他们出列的顺序输出他们原来的代号。

6.1.1 设计思想

因为是用整数编号代替游戏者，所以使用整数数组即可。使用数组时，C 的数组下标是从 0 开始。为了照顾习惯，位置编号应该从 1 开始。

数组的大小一旦定义，就不能改变，所以必须事先确定可以参加游戏的最多人数。

将出圈者的数组内容置零，下一次计数就不再计入它。

当数到最后一个元素时，要返回到数组头部继续计数。

它的算法思想如下：

```
BEGIN
    初始化
        人数 length
        计数器初值
        j 计数器清零
        为数组赋值
    循环计算
        k 从 1 开始循环 length 次
            j 循环 (j< 间隔次数 m)
                计数 i
                如果 i 数到尾部，则返回到第一个位置，即重置 i 等于 0
                如果该位置人员仍然在圈中，则 j 计数加 1
            endj // 结束循环 j

    输出出圈人的信息
```

```
           标识该人员已出圈,开始新一轮循环
     endk
END
```

利用数组的值进行判断,将已经出圈的数组的值标志为0。下次数到它时,作为无效数据处理。

6.1.2 参考程序

```c
//s61.c
#include<stdio.h>
void main( )
{
    int num[5];                          // 假设参加游戏的为 5 人
    int i=0,m=0,j=0,k=0;

    for(i=0;i<5;i++)
    {
        num[i]=i+1;                      // 存储序号
    }

    printf("请输入间隔数:");
    scanf("%d",&m);                      // 初始报数值

    printf("出圈的顺序如下:\n");
    i=-1;   // 调整计数器
    for (k=1;k<=5;k++)
    {
        j=0;
        while (j<m)
        {
          i++;
          if (i==5)                      // 返回到第一个位置
              i=0;
          if (num[i]!=0) j++;            // 若该人员在圈中,则计数有效
        }
        printf("%d",num[i]);             // 输出出圈人的信息
        printf(" ");

        num[i]=0;                        // 标识该人员已出圈
    }
    printf("\n");
}
```

程序运行实例如下:

```
请输入间隔数:2
出圈的顺序如下:
2 4 1 5 3
```

6.2 使用二维字符串数组设计出圈程序

如果要求按出列的顺序输出参加游戏的人的名字,则无法使用整数数组实现。最简单的办法是使用二维字符串数组来实现。

6.2.1 设计思想

它的算法思想与上一节的相同,只是改为字符串数组。

一般很少使用二维以上的字符串数组。多维字符串数组中的每一个元素都是一个字符串。例如如下定义

```
char str[5][15];
```

说明 str 有 5 个字符串,每个字符串的最大长度是 14 个字符。

一般二维字符串数组可以表示为:

char 数组名 [字符串数量][字符串最大长度];

二维字符串数组初始化可按行进行。例如:

```
char str[4][12]={"Turbo C","Microsoft C","FORTRAN Ⅳ","PASCAL"};
```

也可以使用赋值语句,如给第 1 个字符串赋值:

```
str[0][0]='T';
str[0][1]='u';
str[0][2]='r';
str[0][3]='b';
str[0][4]='o';
str[0][5]=' ';
str[0][6]='C';
str[0][7]='\0';
```

使用方法与二维数组一样,但专业化的调用方式是只指出左下标。例如:

```
str[0]="Turbo C";
str[3]="PASCAL";
```

如果设计如下字符串数组:

```
char num[5][14];
```

则可以使用如下程序为它们赋,也就是存入游戏者的名字。

```
for(i=0;i<5;i++)
{
    printf("第%d个人的名字:",i+1);
        gets(s);
    strcpy(num[i],s);
}
```

注意 strcpy 的参数时字符串,所以存入标志时应使用如下形式:

```
strcpy(num[i],"0");          // 标识该人员已出圈
```

同理,在判断时应使用如下形式:

```
if (num[i]!="0") j++;        // 若该人员在圈中,则计数有效
```

6.2.2 参考程序

```
//s62.c strcpy 函数在头文件 string.h 里定义
#include<stdio.h>
#include<string.h>
```

```c
void main( )
{
    char num[5][14];
    int i=0,m=0,j=0,k=0;
    int length=0;
    char s[14];

    printf("请输入间隔数:");
    scanf("%d",&m);                          // 初始报数值

    printf("请准备输入游戏者名字 \n");
    getchar();
    // 输入参加游戏人的名字

    for(i=0;i<5;i++)
    {
        printf("第 %d 个人的名字:",i+1);
        gets(s);
        strcpy(num[i],s);
    }
    printf("出圈的顺序如下:\n");
    i=-1;                                    // 调整计数器
    for (k=1;k<=5;k++)
    {
        j=0;
        while (j<m)
        {
            i++;
            if (i==5)                        // 返回到第一个位置
                i=0;
            if (num[i][0]!='0') j++;         // 若该人员在圈中,则计数有效
        }

        printf("%s",num[i]);                 // 输出出圈人的信息
        printf(" ");

        num[i][0]='0';                       // 标识该人员已出圈
    }
    printf("\n");
}
```

程序运行实例如下:

请输入间隔数:2
请准备输入游戏者名字
第1个人的名字:李一明
第2个人的名字:王小二
第3个人的名字:张　三
第4个人的名字:李　四
第5个人的名字:王老五
出圈的顺序如下:
王小二　李　四　李一明　王老五　张　三

也可以输入代号。输入代号的程序运行实例如下:

```
请输入间隔数:2
请准备输入游戏者名字
第1个人的名字:1
第2个人的名字:2
第3个人的名字:3
第4个人的名字:4
第5个人的名字:5
出圈的顺序如下:
2 4 1 5 3
```

6.3 使用分配内存设计出圈程序

数组的大小不能变化,可以通过申请一块内存来解决这一问题。

6.3.1 设计思想

它的算法思想与上一节的相同,只是改为动态内存分配。

先询问参加游戏的人数,然后再根据参加的人数申请内存。

需要对申请的内存空间进行判别,只有确认申请无误后才能使用。假设用整数类型来存放编号,为了存储 length 个编号的内容,需要申请 length 个存储 int 数据的空间。

```
int *p;
int length=0;
printf("请输入准备参加游戏的人数:");
scanf("%d",&length);
p=(int *)malloc(length*sizeof(int));
if(p==NULL)
{
    printf("内存分配错误");
    exit(1);
}

for(i=0;i<length;i++)
{
    *(p+i)=i+1;                    // 存储序号
}
```

本设计在每个编号之间采取用 "," 号分割,这样一来,最后会多一个 "," 号。为此,采取对最后一个编号特殊处理的方法实现。

它的算法思想如下:

```
BEGIN
        初始化
            计数器初值
            参加游戏人的人数 length


            k 从 1 开始循环 length 次
                j 计数器清零

                j 循环 (j< 间隔次数 m)
                    计数 i
                    如果 i 数到尾部,则返回到第一个位置,即重置 i 等于 0
                    如果该位置人员仍然在圈中,则 j 计数加 1
                    endj// 结束循环 j
```

```
            如果是最后一个，结束循环，作特殊处理
            不是最后一个，输出出圈人的信息
            标识该人员已出圈，开始新一轮循环
        endk
            最后一个结束循环，输出他的信息
END
```

6.3.2 参考程序

```c
//s63.c
#include<stdio.h>
#include<stdlib.h>
void main( )
{
    int i=0,m=0,j=0,k=0;

    int *p;
    int length=0;

    printf(" 请输入准备参加游戏的人数 :");
    scanf("%d",&length);

    p=(int *)malloc(length*sizeof(int));
    if(p==NULL)
    {
        printf(" 内存分配错误 ");
        exit(1);
    }

    for(i=0;i<length;i++)
    {
        *(p+i)=i+1;                      // 存储序号
    }

    printf(" 请输入间隔数 :");
    scanf("%d",&m);                      // 初始报数值

    printf(" 出圈的顺序如下 :\n");
    i=-1;                                // 调整计数器
    for (k=1;k<=length;k++)
    {
        j=0;
        while (j<m)
        {
            i++;
            if (i==length)               // 返回到第一个位置
                i=0;
            if (*(p+i)!=0) j++;          // 若该人员在圈中，则计数有效
        }
        if (k==length) break;
        printf("%d",*(p+i));             // 输出出圈人的信息
        printf(",");

        *(p+i)=0;                        // 标识该人员已出圈
    }
```

```
        //break 语句跳转至此
        printf("%d，", *(p+i));         // 输出最后一个出圈人的信息
        printf("\n");
        free(p);
}
```

程序运行实例如下：

```
请输入准备参加游戏的人数：5
请输入间隔数：2
出圈的顺序如下：
2,4,1,5,3
请输入准备参加游戏的人数：6
请输入间隔数：2
出圈的顺序如下：
2,4,6,3,1,5
```

6.4 使用结构设计出圈程序

在 6.2 节的课程设计中，使用字符串数组以满足按参加游戏的人的出列顺序输出他们的名字，但参加游戏的人数需要事先确定。第 6.3 节通过申请一块内存来解决人数可变的问题。

本节使用结构和动态内存分配的设计方案，可以同时满足这两个要求。

6.4.1 设计思想

它的算法思想与上一节的相同，只是改为结构和动态内存分配。
设计如下结构：

```
struct SeqList{
        int num;
        char name[10];
};
```

结构有两个域，一个存放顺序编号，一个存放参加游戏者的名字。
先询问参加游戏的人数，然后再根据参加的人数申请内存。
需要对申请的内存空间进行判别，只有确认申请无误之后，才能使用。

```
struct SeqList *p;
p=(struct SeqList *)malloc(length*sizeof(struct SeqList ));
if(p==NULL)
{
        printf(" 内存分配错误 ");
        exit(1);
}
```

假设用结构来存放信息，为了存储 length 个参加游戏的人的信息，需要申请 length 个存储这个结构的空间。

为了使程序结构化良好，在主程序中准备初始化数据，然后调用 Joseph 函数实现计算。
Joseph 函数的原型如下：

```
void Joseph(struct SeqList *p, int length);
```

它的算法思想如下：

```
// 主函数
void main( )
{
    准备参加游戏的人数
    根据人数 length 申请内存
    调用 Joseph 函数实现预定功能
}

//Joseph 函数
void Joseph(struct SeqList *p, int length)
{
    得到间隔数
    得到输入游戏者名字

    k 从 1 开始循环 length 次
        j 计数器清零

        j 循环（j< 间隔次数 )
            计数 i
            如果 i 数到尾部，则返回到第一个位置，即重置 i 等于 0
            如果该位置人员仍然在圈中，则 j 计数加 1
        ndj// 结束循环 j

        如果是最后一个，结束循环，作特殊处理
        不是最后一个，输出出圈人的信息
        标识该人员已出圈，开始新一轮循环
    endk
    最后一个结束循环，输出他的信息
}
```

6.4.2 参考程序

```c
//s64.c
#include<stdio.h>
#include<stdlib.h>
#include<string.h>
struct  SeqList{
      int num;
      char name[10];

};

void Joseph(struct SeqList *p, int length);

// 主程序
void main( )
{
     struct SeqList *p;
     int length=0;
     printf(" 请输入准备参加游戏的人数 :");
     scanf("%d",&length);
     printf("%d",length);
```

```c
        p=(struct SeqList *)malloc(length*sizeof(struct SeqList ));
        if(p==NULL)
        {
             printf(" 内存分配错误 ");
             exit(1);
        }
        Joseph(p, length);                    // 调用 Joseph 函数
}

// Joseph 函数
void Joseph(struct SeqList *p, int length)
{
        int m;
        int j,k;
        char s[10];
        int i;
        printf(" 请输入间隔数 m(m<=20):");
        scanf("%d",&m);                       // 初始报数值
        while (m>20)
        {
             printf(" 太大,请重新指定间隔数 m(m<=20):");
             scanf("%d",&m);                  // 初始报数值
        }
        printf(" 请准备输入游戏者名字 \n");
        getchar();
        // 输入参加游戏人的名字

        for(i=0;i<length;i++)
        {
             printf(" 第 %d 个人的名字 :",i+1);
             gets(s);
             strcpy((p+i)->name,s);
             (p+i)->num=i+1;                  // 存储序号
        }
        printf(" 出圈的顺序如下 :\n");
        i=-1;                                 // 调整计数器
        for (k=1;k<=length;k++)
        {
            j=0;
            while (j<m)
            {
                i++;
                if (i==length)                // 返回到第一个位置
                    i=0;
                if ((p+i)->num!=0) j++;       // 若该人员在圈中,则计数有效
            }
            if (k==length) break;
            printf("%s",(p+i)->name);         // 输出出圈人的信息
            printf(",");

            (p+i)->num=0;                     // 标识该人员已出圈
        }
        //break 语句跳转至此
        printf("%s",(p+i)->name);             // 输出最后一个出圈人的信息
        printf("\n");
```

```
            free(p);                    // 释放内存
}
/*
```
程序运行实例如下：

```
请输入准备参加游戏的人数:6
请输入间隔数 m(m<=20):2
请准备输入游戏者名字
第 1 个人的名字:1
第 2 个人的名字:2
第 3 个人的名字:3
第 4 个人的名字:4
第 5 个人的名字:5
第 6 个人的名字:6
出圈的顺序如下:
2,4,6,3,1,5
请输入准备参加游戏的人数:5
请输入间隔数 m(m<=20):2
请准备输入游戏者名字
第 1 个人的名字：李一明
第 2 个人的名字：王小二
第 3 个人的名字：张　三
第 4 个人的名字：李　四
第 5 个人的名字：王老五
出圈的顺序如下:
王小二，李　四，李一明，王老五，张　三
请输入准备参加游戏的人数:5
请输入间隔数 m(m<=20):2
请准备输入游戏者名字
第 1 个人的名字:1
第 2 个人的名字:2
第 3 个人的名字:3
第 4 个人的名字:4
第 5 个人的名字:5
出圈的顺序如下:
2,4,1,5,3
```

6.5 生死游戏

可以不使用约瑟夫环来解决传说的生死游戏。使用 6.4 节的方法可以满足按参加游戏的人的出列顺序输出他们的名字，并且不需要事先确定参加游戏的人数。

可以使用两种简单的改写 6.4 节的方法实现这一功能。

6.5.1 直接按出圈方法计算

1. 设计思想

直接按出圈方法计算，只是将前面一半作为死者（被扔者），后面一半作为仨者（生还者）。每个人之间改用空格分开，可以简化编程。

```
printf("被扔者顺序如下:\n");
i=-1;                              // 调整计数器
for (k=1;k<=length;k++)
{
```

```
            j=0;
            while (j<m)
            {
                    i++;
                    if (i==length)              // 返回到第一个位置
                        i=0;
                    if ((p+i)->num!=0) j++;     // 若该人员在圈中，则计数有效
            }
            if (k==length/2+1) printf("\n 生还者如下 :\n");

            printf("%s",(p+i)->name);           // 输出出圈人的信息
            printf(" ");

            (p+i)->num=0;                       // 标识该人员已出圈
}
```

这种方法是利用出圈进行分类，简单易行。生还者的输出顺序就是出圈游戏的顺序。

2. 参考程序

```c
//s65.c
#include<stdio.h>
#include<stdlib.h>
#include<string.h>
struct SeqList{
    int num;
    char name[10];
};
void Joseph(struct SeqList *p, int length);

void main( )
{
    struct SeqList *p;
    int length=0;
    printf(" 请输入准备参加游戏的人数 :");
    scanf("%d",&length);

    p=(struct SeqList *)malloc(length*sizeof(struct SeqList ));
    if(p==NULL)
    {
        printf(" 内存分配错误 ");
        exit(1);
    }

    Joseph(p, length);                          // 计算
}

void Joseph(struct SeqList *p, int length)
{
    int m;
    int j,k;
    char s[10];
    int i;
    printf(" 请输入间隔数 m(m<=20):");
    scanf("%d",&m);                             // 初始报数值
    while (m>20)
    {
```

```
            printf(" 太大，请重新指定间隔数 m(m<=20):");
            scanf("%d",&m);                              // 初始报数值
    }
    printf(" 请准备输入游戏者名字 \n");
    getchar();
    // 输入参加游戏人的名字

    for(i=0;i<length;i++)
    {
        printf(" 第 %d 个人的名字 :",i+1);
            gets(s);
        strcpy((p+i)->name,s);
        (p+i)->num=i+1;                                  // 存储序号
    }
    printf(" 被扔者顺序如下 :\n");
    i=-1;                                                // 调整计数器
    for (k=1;k<=length;k++)
    {
        j=0;
        while (j<m)
        {
            i++;
            if (i==length)                               // 返回到第一个位置
                i=0;
            if ((p+i)->num!=0) j++;                      // 若该人员在圈中，则计数有效
        }
        if (k==length/2+1) printf("\n 生还者如下 :\n");

        printf("%s",(p+i)->name);                        // 输出出圈人的信息
        printf(" ");

        (p+i)->num=0;                                    // 标识该人员已出圈
    }
    //break 语句跳转至此
    printf("\n");

    free(p);                                             // 释放内存
}
```

程序运行实例如下：

请输入准备参加游戏的人数 :6
请输入间隔数 m(m<=20):2
请准备输入游戏者名字
第 1 个人的名字 :1
第 2 个人的名字 :2
第 3 个人的名字 :3
第 4 个人的名字 :4
第 5 个人的名字 :5
第 6 个人的名字 :6
被扔者顺序如下 :
2 4 6
生还者如下 :
3 1 5
请输入准备参加游戏的人数 :5
请输入间隔数 m(m<=20):2

```
请准备输入游戏者名字
第 1 个人的名字：李一明
第 2 个人的名字：王小二
第 3 个人的名字：张  三
第 4 个人的名字：李  四
第 5 个人的名字：王老五
被扔者顺序如下：
王小二 李  四
生还者如下：
李一明 王老五 张  三
请输入准备参加游戏的人数：30
请输入间隔数 m(m<=20):9
请准备输入游戏者名字
第 1 个人的名字：1
第 2 个人的名字：2
……   // 省去中间过程，主要是验证后面的约瑟夫环程序
第 29 个人的名字：29
第 30 个人的名字：30
被扔者顺序如下：
9 18 27 6 16 26 7 19 30 12 24 8 22 5 23
生还者如下：
11 29 17 10 2 28 25 1 4 15 13 14 3 20 21
```

6.5.2 输出没有标记的生还者

1. 设计思想

按规定找出要被扔入大海的一半人之后，存储区都是没有被标记为 0 的生还者。将编号不为 0 的均作为生还者输出即可。

```
printf("生还者如下:\n");
for (k=1,i=0;k<=length;k++, i++)
{
    if((p+i)->num!=0)                    // 将编号不为 0 的均作为生还者输出
    {
        printf("%s",(p+i)->name);
        printf(" ");
    }
}
```

由此可见，生还者的输出顺序就是原来所在的先后顺序。

2. 参考程序

```
//s66.c
#include<stdio.h>
#include<stdlib.h>
#include<string.h>
struct  SeqList{
    int num;
    char name[10];

};

void Joseph(struct SeqList *p, int length);

void main( )
```

```c
{
    struct SeqList *p;
    int length=0;
    printf(" 请输入准备参加游戏的人数 :");
    scanf("%d",&length);

    p=(struct SeqList *)malloc(length*sizeof(struct SeqList ));
    if(p==NULL)
    {
        printf(" 内存分配错误 ");
        exit(1);
    }

    Joseph(p, length);                              // 计算
}

void Joseph(struct SeqList *p, int length)
{
    int m;
    int j,k;
    char s[10];
    int i;
    printf(" 请输入间隔数 m(m<=20):");
    scanf("%d",&m);                                 // 初始报数值
    while (m>20)
    {
        printf(" 太大，请重新指定间隔数 m(m<=20):");
        scanf("%d",&m);                             // 初始报数值
    }
    printf(" 请准备输入游戏者名字 \n");
    getchar();
    // 输入参加游戏人的名字

    for(i=0;i<length;i++)
    {
        printf(" 第 %d 个人的名字 :",i+1);
        gets(s);
        strcpy((p+i)->name,s);
        (p+i)->num=i+1;                             // 存储序号
    }
    printf(" 被扔者顺序如下 :\n");
    i=-1;                                           // 调整计数器
    for (k=1;k<=length/2;k++)
    {
        j=0;
        while (j<m)
        {
            i++;
            if (i==length)                          // 返回到第一个位置
                i=0;
            if ((p+i)->num!=0) j++;                 // 若该人员在圈中，则计数有效
        }
        if (k==length/2) break;
        printf("%s",(p+i)->name);                   // 输出出圈人的信息
        printf(",");
```

```
            (p+i)->num=0;                          // 标识该人员已出圈
    }
    //break 语句跳转至此
    printf("%s",(p+i)->name);                      // 输出的信息
    (p+i)->num=0;
    printf("\n");

    printf(" 生还者如下 :\n");

    for (k=1,i=0;k<=length;k++, i++)
    {
            if((p+i)->num!=0)
            {
                    printf("%s",(p+i)->name);     // 输出的信息
                    printf(" ");
            }
    }
    printf("\n");
    free(p);                                       // 释放内存
}
```

程序运行实例如下：

```
请输入准备参加游戏的人数 :6
请输入间隔数 m(m<=20):2
请准备输入游戏者名字
第 1 个人的名字 : 李一明
第 2 个人的名字 : 王小二
第 3 个人的名字 : 张　三
第 4 个人的名字 : 李　四
第 5 个人的名字 : 王老五
第 6 个人的名字 :Marry
被扔者顺序如下 :
王小二 , 李　四 ,Marry
生还者如下 :
李一明 张　三 王老五
请输入准备参加游戏的人数 :30
请输入间隔数 m(m<=20):9
请准备输入游戏者名字
第 1 个人的名字 :1
第 2 个人的名字 :2
……    // 省去中间过程，主要是验证后面的约瑟夫环程序
第 29 个人的名字 :29
第 30 个人的名字 :30
被扔者顺序如下 :
9,18,27,6,16,26,7,19,30,12,24,8,22,5,23
生还者如下 :
11  29  17  10  2  28  25  1  4  15  13  14  3  20  21
```

6.6　评价标准

　　这个课程设计的目的是熟悉数组、二维字符串数组、动态内存和结构数组的使用方法。注意研读各个程序的实现方法，可以在这个程序的基础上做些变化，通过变化的效果加深对这些知识的理解。

只有在完成本设计的基础上，又进行必要的测试，才可获得 85 分以上的成绩。如果能进一步修改程序以获得更好的结果，则可以考虑给予加分。对增加功能者，可以给予高分。

如果程序不正确，或错误较多，则不予及格。

还可以练习先将这些结果写入文件，然后再读出来。也可以使用单独的头文件和程序文件，甚至使用菜单选择不同算法。完成这些功能者，可以获得 90 分以上的成绩。

第 7 章 设 计 链 表

本章课程设计的目的是学习建立链表、使用链表存储结构信息、增加链表结点及删除链表结点等基本操作。实际设计时，可以增加数据信息，加入检索等功能。

7.1 设计要求

要求使用结构记录成员的代号和电话号码，然后用它作为结点，建立一个链表。

7.1.1 功能设计要求

设计要求实现如下功能：

（1）本课程设计是将重点放在整体设计上，只选成员代号和电话。
（2）如果已经有记录，只能在其后追加。
（3）显示整个记录的内容（含有追加的新记录）。
（4）使代号可由 6 位字符和数字的混合编码组成，例如下面的形式：
　　A201
　　3405d
　　01001
（5）使电话号码可由 18 位字符和数字组成，例如下面的形式：
　　(86)-551-36994698
　　0451-8822757-3456
　　13900110011
（6）可以删除全部记录，可以随时增加新记录。
（7）使用菜单实现增加、删除和显示等功能的选择。
（8）使用宏定义动态申请存储空间。
（9）测试程序。

7.1.2 总体设计

最初的整体规划只是说明可行性，不要求制定函数的具体实现，甚至不需要考虑函数原型。完成整体规划后，可以按照流程描述各个模块之间的接口功能。

本课程对模块设计的要求如下：

（1）使用多文件方式实现链表设计。
（2）将它们分成 3 个模块编制：一个模块负责输入；一个模块负责显示记录的内容；一个模块含有主程序，主程序负责菜单选择和命令处理。
（3）每个模块作为一个单独的 C 文件，每个文件内的函数如表 7-1 所示，表中给出各个函数的功能说明。

设 计 链 表

（4）宏和数据结构等放在头文件中，并使用条件编译。

这样，程序就由 4 个源文件组成，每个源文件都代表着某种特定的功能，如表 7-1 所示。

表 7-1 文件及函数组成

源 文 件	函数名或其他成分	功 能
record.c	main	总控函数
	menu_select	菜单选择
	handle_menu	菜单处理
input.c	input	输入数据
delete.c	del	删除记录
display.c	display	显示链表内容
record.h	ASK（自定义宏）	宏定义申请内存
	结构声明	
	库函数及函数原型声明	引用库函数及函数

7.1.3 函数设计

因为采用链表方式记录，所以将它们的第一个结点作为参数传递。假设将数据结构自定义为 ADDR，用它定义 *top 为第一个记录结构的指针，分别描述这些函数，建立它们的函数原型。

1. 建立链表函数

函数原型：ADDR *input(ADDR *)

功　　能：建立新结点。

参　　数：接收结构指针 top。

工作方式：从尾部开始逐个追加记录。

要　　求：将新记录追加在记录尾部。

2. 显示内存动态记录数据函数

函数原型：void display (ADDR *)

功　　能：显示内存里的记录。

参　　数：接收结构指针 top。

工作方式：从头部开始逐个显示记录内容。

要　　求：报告是否有记录及记录条数和内容。

3. 删除内存动态记录数据函数

函数原型：void *del(ADDR *)

功　　能：删除内存里的记录。

参　　数：接收结构指针 top。

工作方式：按给定方式和内容查找，如果找到，则删除该记录内容。

要　　求：报告是否有记录以及是否删除的信息。

4. 菜单处理函数

函数原型：void handle_menu(ADDR *)

功　　能：处理选择的菜单命令。
参　　数：接收结构指针 top。
工作方式：根据命令，调用相应函数。
要　　求：给出结束信息。

5. 菜单选择函数

函数原型：int menu_select(void)
功　　能：接收用户选择的命令代码。
参　　数：无参数。
工作方式：返回命令代码的整数值。
要　　求：只允许选择规定键，如果输入不合要求，则提醒用户重新输入。

6. 主函数

函数原型：void main(void)
功　　能：控制程序。
参　　数：无参数。
要　　求：管理菜单命令并完成初始化。

7. 头部文件

文件名称：record
功　　能：声明函数原型，包含文件及自定义宏和数据结构。
要　　求：报告是否能正常申请内存及存入记录的条数等。

7.2　算法分析

本节只对特殊的算法进行分析，注释性的说明参见源程序。

1. 宏和数据结构

声明自定义类型 ADDR，根据数据长度的要求，均使用字符数组。为了使程序简洁，根据自定义类型 ADDR，定义一个用来申请内存空间的宏 ASK。这样，在程序中使用语句 ASK(top); 就可以为指针 *top 申请内存空间。

因为总需要对记录进行计数，所以设计一个全局变量 n 用来计数。它的清单如下：

```
#define ASK(p) do{                                                  \
    p = (ADDR*)malloc(sizeof(ADDR));                                \
    if (p == NULL) {printf("memory fail!"); exit(-1);}              \
}while(0)

#define LEN sizeof(ADDR)

extern int count;

typedef struct address {
    char name[8];
    char tel[20];
    struct address *next;
}ADDR;
```

2. 建立数据前的初始化

主函数里如何实现初始化,决定着整个程序的功能。由函数组成可见,指针 *top 是公有的,但它应具有如下主函数中的初始值。

```
void main ( )
{
    ADDR *top, *star;
    ASK(top);
    ASK(star);
    top->next=NULL;
    count=0;

  handle_menu(top);
}
```

3. 删除全部数据后的处理

因为在删除操作中,可能将全部记录删除,所以必须在退出之前恢复初始值。它的算法如下:

(1)首先判别是否有记录,没有则退出操作。

```
if(count==0)
{
    printf("记录已经为空表,退出删除操作! ");
    return top;
}
```

(2)对查找的方式进行判别。

```
while(1)
{
    cn = atoi(choose);
    if (cn != 1 && cn != 2)
    {
        printf("输入错误,重选 1-2: ");
        gets(choose);
    }
    else break;
}
```

(3)删除指定数据,如果删除的是最后一个,则恢复到初始值。

```
if(count==0)
{
    ASK(top);
    ASK(star);
    top->next=NULL;
}
return top;
```

7.3 参考程序

下面以文件为单位说明各个函数的作用和特点。

1. record.h 文件

使用条件编译,宏的续行符号是"\"。

```c
#ifndef _H_LETTER_H_A
#define _H_LETTER_H_A

#include <stdio.h>
#include <stdlib.h>
#include <ctype.h>
#include <string.h>

#define ASK(p) do{                                              \
    p = (ADDR*)malloc(sizeof(ADDR));                            \
    if (p == NULL) {printf("memory fail!"); exit(-1);}          \
  }while(0)

#define LEN sizeof(ADDR)

extern int count;

typedef struct address {
    char name[8];
    char tel[20];
    struct address *next;
}ADDR;

ADDR *input(ADDR *);
void display(ADDR *);
int menu_select(void);
void handle_menu(ADDR *);
ADDR *del(ADDR *);

#endif
```

2. record.c 文件

```c
#include "record.h"

int count;                              // 声明全局记录计数变量

void main ( )
{
  ADDR *top, *star;
  ASK(top);
  ASK(star);
  top->next=NULL;
  count=0;

  handle_menu(top);
}

// 菜单处理函数
void handle_menu(ADDR *top)
{
  for ( ; ; ) {
    switch(menu_select( ))
      {
      case 1:
            top = input( top ) ;
```

```
                break;
            case 2:
                display ( top );
                break;
            case 3:
                top = del(top);
                break;
            case 4:
                printf("退出操作,再见! \n");
                exit(0);
        }
    }
}

// 菜单选择函数 menu_selected
int menu_select( )
{
    char s[2];
    int cn=0;
    printf("\n");
    printf ( "1. 输入记录 \n" );
    printf ( "2. 显示记录 \n" );
    printf ( "3. 删除记录 \n" );
    printf ( "4. 结束运行 \n" );
    printf ( "\n左边数字对应功能选择,请选 1-4: " );

    for(; ;)
    {
      gets(s);
      cn = atoi (s);
      if(cn<1|| cn>6 ) printf("\n输入错误,重选 1-4: ");
      else break;
    }
    return cn;
}
```

在菜单选择函数 menu_selected()中,限定输入必须在 1～4 之间才有效,否则要求重新输入。不管用户按数字键还是按字母键,语句 gets(s)都能将输入作为字符串接收,然后语句 cn = atoi(s);再将所接收的字符串转成数值,提供给 if 语句判别。

3. input.c 文件

```
#include "record.h"

// 输入信息函数
ADDR *input(ADDR *top)
{
    ADDR *old;
    ADDR *star;

    ASK(star);
    old=top;

    while(old->next!=NULL)
    {
```

```
    old=old->next;
}
printf(" 输入数据,输入 0 时结束。\n");

--count;
do
{
    ++count;

    printf(" 代号 :");
    gets(star->name);
    if(strcmp(star->name,"0") == 0)
        break;

    printf(" 电话 :");
    gets(star->tel);
    if(count==0) top=star;
    old->next=star;
    old=star;
    ASK(star);
}while(star->name[0]!='0');

old->next=NULL;
free(star);
return(top);
}
```

可以多次选择这个菜单进行输入,要区别是否是首次进入。

4. display.c 文件

display 函数很简单,先判别是否有记录,以便决定是退出还是继续执行,这可以通过简单地判别计数器的值来实现。程序清单如下:

```
#include "record.h"

// 显示内存动态记录数据
void display (ADDR *top)
{
  ADDR *p;
  if (count==0)
  {
     printf("\n 现在没有记录 !\n");
     return;
  }
  p=top;
  printf("\n 现在共有如下 %d 条记录: \n",count);
  printf(" 代号 \t 电话 \n");

  while(p!=NULL )
  {
     printf ("%s\t%s\n",p->name,p->tel);
     p=p->next;
  }
}
```

5. del.c 文件

del 函数是最复杂的一个函数，当删完所有数据之后，必须重新建立初始链表。

```c
#include "record.h"

ADDR *del(ADDR *top)
{
  char choose[5],input[30];
  int cn = 0;
  ADDR *old,*star;
  if(count==0)
  {
      printf(" 记录已经为空表，退出删除操作！ ");
      return top;
  }
  printf("1. 通过代号 \n");
  printf("2. 通过号码 \n");
  gets(choose);
  while(1)
  {
    cn = atoi(choose);
    if (cn != 1 && cn != 2)
    {
        printf(" 输入错误，重选 1-2: ");
        gets(choose);
    }
        else break;
  }
    switch(cn)
    {
      case 1:
          printf(" 请输入代号: ");
          break;
      case 2:
          printf(" 请输入号码: ");
    }
    gets(input);

    old = star = top;
    while(star!=NULL)
    {
        if ((cn == 1 && strcmp(input,star->name) == 0)
            || (cn == 2 && strcmp(input,star->tel) == 0))
        {
            if (star == top)
                top = star->next;
            else
                old->next = star->next;
            free(star);
            --count;                    // 调整计数器
            printf("delete...");        // 给出删除成功的信息
            if(count==0)
            {
                ASK(top);
                ASK(star);
                top->next=NULL;
```

```
                }
            return top;
            }
        else
            {
                old = star;
                star = star->next;
            }
        }
    printf("没有找到相应的记录。");
    return top;
}
```

7.4 测试程序

还需要使用测试用例对程序进行测试，下面是针对程序功能进行的测试过程。

测试空表：

1. 输入记录
2. 显示记录
3. 删除记录
4. 结束运行
左边数字对应功能选择，请选 1-4: 2
现在没有记录！

1. 输入记录
2. 显示记录
3. 删除记录
4. 结束运行
左边数字对应功能选择，请选 1-4: 3
记录已经为空表，退出删除操作!
1. 输入记录
2. 显示记录
3. 删除记录
4. 结束运行

测试建表：

左边数字对应功能选择，请选 1-4: 1
输入数据，输入 0 时结束。
代号：A2001
电话：86-451-888888
代号：0

1. 输入记录
2. 显示记录
3. 删除记录
4. 结束运行

测试全部删除：

左边数字对应功能选择，请选 1-4: 3
1. 通过代号
2. 通过号码
1
请输入代号：A2001
delete...

1．输入记录
2．显示记录
3．删除记录
4．结束运行

左边数字对应功能选择，请选 1-4：3
记录已经为空表，退出删除操作！
1．输入记录
2．显示记录
3．删除记录
4．结束运行

检查全部删除之后是否满足重建状态：

左边数字对应功能选择，请选 1-4：1
输入数据，输入 0 时结束。
代号：A201
电话：010-67771256
代号：B201
电话：13909912345
代号：2101
电话：3633452
代号：0

1．输入记录
2．显示记录
3．删除记录
4．结束运行

测试显示功能：

左边数字对应功能选择，请选 1-4：2
现在共有如下 3 条记录：
代号　　电话
A201　　010-67771256
B201　　13909912345
2101　　3633452

1．输入记录
2．显示记录
3．删除记录
4．结束运行

测试通过号码方式的删除功能：

左边数字对应功能选择，请选 1-4：3
1．通过代号
2．通过号码
2
请输入号码：3633452
delete...
1．输入记录
2．显示记录
3．删除记录
4．结束运行

通过显示功能验证：

左边数字对应功能选择，请选 1-4：2

现在共有如下 2 条记录：
代号　　电话
A201　　010-67771256
B201　　13909912345

1. 输入记录
2. 显示记录
3. 删除记录
4. 结束运行

验证随时增加数据的功能：

左边数字对应功能选择，请选 1-4：1
输入数据，输入 0 时结束。
代号：C201
电话：(86)-21-12345678
代号：0

1. 输入记录
2. 显示记录
3. 删除记录
4. 结束运行

左边数字对应功能选择，请选 1-4：2
现在共有如下 3 条记录：
代号　　电话
A201　　010-67771256
B201　　13909912345
C201　　(86)-21-12345678

1. 输入记录
2. 显示记录
3. 删除记录
4. 结束运行

左边数字对应功能选择，请选 1-4：1
输入数据，输入 0 时结束。
代号：D12345
电话：987654321123456789
代号：0

1. 输入记录
2. 显示记录
3. 删除记录
4. 结束运行

左边数字对应功能选择，请选 1-4：2
现在共有如下 4 条记录：
代号　　电话
A201　　010-67771256
B201　　13909912345
C201　　(86)-21-12345678
D12345　987654321123456789
1. 输入记录
2. 显示记录
3. 删除记录

```
4.结束运行
左边数字对应功能选择,请选 1-4: 4
退出操作,再见!
```

7.5 评价标准

全部做对,可给 78~88 分,对有创意的设计,可以再加分。如果增加程序功能,例如查询等功能,则可提高加分幅度。

如果不能正确地使用工程或者菜单不正确,均判为不及格。如果文件错误较多或功能不正确,也判为不及格。如果有一个小错误,则低于 78 分。

第 8 章 链表文件信息管理

本章课程设计是在第 7 章的基础上增加文件管理，在实际设计时，可以增加数据信息，加入检索等功能。本课程设计为选做内容，可以根据实际教学情况决定。

8.1 设计要求

8.1.1 功能设计要求

设计要求实现的功能较多，应将它们分为几个部分叙述。

1. 建立文件

（1）如果原来没有文件，可以将输入的记录以固定文件名保存，也可以不保存输入的记录。

（2）如果已经有文件，只能在其后追加。

（3）新增的记录可以不存入原文件中，也可以用原来的文件覆盖内存的内容。

2. 文件的存取和显示

（1）可以单独存取文件。

（2）可以随时显示内存中记录的全部内容。

3. 删除记录

（1）可以按"代号"或"号码"方式删除记录并更新文件。

（2）能连续删除内存中的指定代码记录并输出成功删除记录的信息。

（3）如果已经是空表，删除时应给出提示信息并返回主菜单。

（4）如果没有要删除的信息，输出没有找到的信息并继续删除操作。

（5）删除操作仅限于内存，只有执行存入记录时，才能覆盖原记录。

4. 整体性能

（1）应可以随时删除或增加新记录，保存或取消新的记录。

（2）使代号可由 6 位字符和数字的混合编码组成，例如 A201 或 G 405d 等形式。

（3）使电话号码可由 18 位字符和数字组成，例如 (86) 551 36994698。

（4）将输出信息加上输出信息栏，例如：

```
代号          号码
A201          010-62543321
B402          13912345678
C 301G        86 551 36994698
```

（5）定义 ASK 宏，用于申请动态内存。

（6）使用菜单实现增加、删除、显示和存取等功能的正确选择。

5. 测试程序

（1）应列出测试大纲对程序进行测试。

（2）应保证测试用例测试到程序的各种边界情况。

8.1.2 总体设计

由此可见，该程序包含文件的存、取过程。它的功能就是按输入顺序建立记录。如果原来没有记录文件，可以重新建立一个文件；如果已经有记录，应该先把文件内容读入，然后把新记录追加到原来记录的尾部。对记录可以进行显示操作，也可以保存起来。

由上述功能分析可以看到它的全貌。因为它有并列选择，所以可以用选择菜单方便地实现。这个菜单具有 6 个选择项：追加记录、显示记录内容、保存记录、取原来的记录、删除记录和退出操作。用 switch 语句可以实现这些选择。用简洁的伪码描述如下：

```
// execute_input_command
switch(input command){
    case Add List:
        add data to it
    case Disp List:
        display the list
    case Save List:
        save the list
    case Load List:
        load the list
    case Delete List:
        delete the list
    case Qxit Program:
        no action needed
} //end of switch statement
```

为了使设计更具有一般性，假设它们都是很复杂的程序。把它们编成 4 个模块：一个模块负责输入和显示记录的内容；一个模块负责存、取文件；一个模块负责删除记录内容；一个模块是主程序，负责菜单选择和命令处理。这样，record 程序就由一组函数组成，这组函数就被分成 4 个源文件，每个源文件都代表着某种特定的功能，如表 8-1 所示。

表 8-1 文件及函数组成

源 文 件	函数名或其他成分	功　　能
record.c	main	总控函数
	menu _select	菜单选择
	handle_menu	菜单处理
sls_disp.c	slstore	添加记录
	display	显示记录
sav_load.c	save	记录存入文件
	load	文件取入内存
delete_record	delete_record	删除指定结点
record.h	ASK（自定义宏）	宏定义申请内存
	结构声明	
	库函数及函数原型声明	引用库函数及函数

假设将数据结构自定义为 ADDR，采用链表方式记录，定义

```
ADDR *top;
```

为第一个记录结构的指针，函数通过传递这个指针接收链表的第一个结点。在函数原型中，这个参数以

```
ADDR *
```

的形式出现。这类函数需要修改参数 top 并返回 top，所以设计为返回指针的函数。例如 load 的函数：

```
ADDR *load(ADDR *)
{// 函数体 }
```

像 display 函数，它不需要返回 top，只是显示内存中的链表结点信息，也不修改 top。为了避免函数内部改变指针，设计为 const 指针。

```
void display (const ADDR *top)
{// 函数体 }
```

下面简要地描述一下这些函数。

1. 文件存储操作函数

函数原型：`void save(ADDR *)`

功　　能：将记录存入指定文件 sname。

参　　数：结构指针 top。

返 回 值：void。

工作方式：从链表头部开始逐个存入文件。

要　　求：报告是否有记录可存、是否能正常建立或打开文件、根据要求执行存入操作并报告存入记录的条数。

2. 文件读取操作函数

函数原型：`ADDR *load(ADDR *)`

功　　能：将文件 sname 里的记录取入内存。

参　　数：结构指针 top。

返 回 值：返回结构指针 top。

工作方式：在内存里从 top 处开始构造链表并返回 top。

要　　求：报告是否有记录可存、是否能正常打开文件及读取记录的条数。

3. 显示内存动态记录数据函数

函数原型：`void display (ADDR *)`

功　　能：显示内存里的记录。

参　　数：结构指针 top。

返 回 值：返回结构指针 top。

工作方式：从头部开始逐个显示记录内容。

要　　求：报告是否有记录及记录条数和内容。

4. 输入信息函数

函数原型：`ADDR *slstore(ADDR *`

功　　能：添加新记录并将其存入指定文件 sname。
参　　数：结构指针 top。
返 回 值：返回结构指针 top。
工作方式：从尾部开始逐个追加记录。
要　　求：报告文件 sname 是否已经存在。如果存在，则将其取入并将新记录追加在记录尾部。如果还没有建立 sname 文件，则提醒用户在退出时不要忘记保存添加的记录。

5. 删除记录函数
函数原型：ADDR *delete_record(ADDR *)
功　　能：删除内存链表中的指定结点。
参　　数：结构指针 top。
返 回 值：返回结构指针 top。
工作方式：根据给定的关键字，查找符合的结点并删除。
要　　求：给出相关信息。

6. 菜单处理函数
函数原型：void handle_menu(ADDR *)
功　　能：处理选择的菜单命令。
参　　数：结构指针 top。
返 回 值：void。
工作方式：根据命令，调用相应函数。
要　　求：给出结束信息。

7. 菜单选择函数
函数原型：int menu_select(void)
功　　能：接收用户选择的命令代码。
参　　数：void。
返 回 值：int。
工作方式：返回命令代码的整数值。
要　　求：只允许选择规定键，如果输入不合要求，则提醒用户重新输入。

8. 主函数
函数原型：void main(void)
功　　能：控制程序。
参　　数：void。
返 回 值：void。
要　　求：管理菜单命令并完成初始化。

9. 头部文件
文件名称：record
功　　能：声明函数原型，包含文件及自定义宏和数据结构。
要　　求：报告是否能正常打开文件执行存入操作及存入记录的条数。

8.2 record 程序的模块设计

本节以文件为单位，介绍程序的模块设计及其参考程序清单。

1. 头文件 record.h

声明自定义类型 ADDR，根据对数据的要求，电话号码和代号均使用字符数组，而且字符串数据中还需要允许空格。为了使程序简洁，根据自定义类型 ADDR，特定义一个用来申请内存空间的宏 ASK。这样，在程序中使用语句"ASK(top);"就可以为指针 *top 申请内存空间。

因为总需要对记录进行计数，所以设计一个全局变量 count 用来计数。它的清单如下：

```
#ifndef _H_RECORD_H_A
#define _H_RECORD_H_A

#include <stdio.h>
#include <stdlib.h>
#include <ctype.h>
#include <string.h>

#define ASK(p) do{                                              \
  p = (ADDR*)malloc(sizeof(ADDR));                              \
  if (p == NULL) {printf("memory fail!"); exit(-1);}            \
  }while(0)

#define LEN sizeof(ADDR)

extern int count;

typedef struct address {
  char name[8];
  char tel[20];
  struct address *next;
}ADDR;

ADDR *slstore(ADDR *);
void display(ADDR *);
void save(ADDR *);
ADDR *load(ADDR *);
int menu_select(void);
void handle_menu(ADDR *);
ADDR *delete_record(ADDR *);

#endif
```

2. 主文件 record.c

主函数里如何实现初始化，决定着整个程序的功能。由函数组成可见，指针 *top 是公有的，但它应具有什么样的初始值呢？

因为各项任务都涉及对空记录的操作，所以把它的 name 域用来做标记位，但也不需要将全部域初始化，只要让 top->next=NULL，说明它是空表即可。余下的任务就是简单地调用两个菜单函数。函数的伪码都很简单，这里就不再赘述。文件的清单如下：

```c
#include "record.h"

int count;                              // 声明全局记录计数变量

void main ( )
{
  ADDR *top;
  ASK(top);
  top->next=NULL;
  count=0;

  handle_menu(top);
}

// 菜单处理函数
void handle_menu(ADDR *top)
{
  for ( ; ; ) {
    switch(menu_select( ))
    {
      case 1:
          top = slstore ( top ) ;
          break;
      case 2:
          display ( top );
          break;
      case 3:
          save ( top );
          break;
      case 4:
          top = load ( top );
          break;
      case 5:
          top = delete_record(top);
          break;
      case 6:
          printf(" 退出操作，再见！\n");
          exit(0);
    }
  }
}

// 菜单选择函数 menu_selected
int menu_select( )
{
  char s[2];
  int cn=0;
  printf("\n");
  printf ( "1. 增加记录 \n" );
  printf ( "2. 显示记录 \n" );
  printf ( "3. 保存记录 \n" );
  printf ( "4. 读取记录 \n" );
  printf ( "5. 删除记录 \n" );
  printf ( "6. 结束运行 \n" );
  printf ( "\n 左边数字对应功能选择，请选 1-6： " );
```

```
    for(; ;)
    {
      gets(s);
      cn = atoi (s);
      if(cn<1|| cn>6 ) printf("\n 输入错误，重选 1-6: ");
      else break;
    }
    return cn;
}
```

在菜单选择函数 menu_selected()，限定输入必须在 1～5 之间才有效，否则要求重新输入。不管用户按数字键还是按字母键，语句"gets(s)"都能将输入作为字符串接收，然后语句"cn=atoi(s);"再将所接收的字符串转成数值，提供给 if 语句判别。

3. save_load.c 文件

这个文件包含文件存储操作函数 load 和文件读取操作函数 save。在存文件时，需要先判别是否有记录可存；在取文件时，需要将计数器复零，然后对读入的记录计数。

```
#include "record.h"
// 文件存储操作函数
void save(const ADDR *top)
{
    const ADDR *p;
    FILE *fp;

    if (count==0)
    {
        printf(" 没有记录可存！ ");
        return;
    }

    if ((fp=fopen("sname","wb"))==NULL)
    {
        printf(" 不能打开文件！ \n");
        exit(1);
    }

    printf("\n 存文件 \n");
    p=top;

    while(p)
    {
        fwrite (p,LEN,1,fp);
        p=p->next;
    }
    fclose(fp);
    printf("%d 条记录已经存入文件，请继续操作。\n",count);

}
// 文件读取操作函数
ADDR *load(ADDR *top)
{
    FILE *fp;
    ADDR *p,*old;
```

```
    count=0;

    if ((fp=fopen("sname","rb"))==NULL)
    {
       printf(" 打不开文件! \n");
       exit(1);
    }
    printf("\n 取文件...\n");
    ASK(p);
    top=p;
    old=top;

    while(!feof(fp))
    {
       if(1!=fread(p,LEN,1,fp)) break;
       count=count+1;
       ASK(p->next);
       old=p->next;
       old=p;
       p=p->next;
    }

    old->next=NULL;
    fclose(fp);
    printf(" 取入 %d 条记录。",count);

    return (top);
}
```

4. sls_disp 文件

这个文件包含显示内存动态记录数据函数 display 和输入信息函数 slstore。display 函数显示内存动态记录的内容，参数为常量指针。为了使用这个参数，必须将 p 也声明为与它的类型一致的指针。

```
// 显示内存动态记录数据
void display (const ADDR *top)
{
  const ADDR *p;

  if (count==0)
  {
     printf("\n 现在没有记录!\n");
     return;
  }
   p=top;
   printf("\n 现在共有如下 %d 条记录: \n",count);
   printf(" 代号 \t 电话 \n");

   while(p!=NULL )
   {
      printf ("%s\t%s\n",p->name,p->tel);
      p=p->next;
   }
}
```

下面介绍输入信息函数。因为它是本课程设计中最复杂的函数，为了便于理解，先给出函数的伪码。

```
BEGIN
    if（判别是否已有文件）
    { print   提示存文件 }
    else
    {
      if(内存没有记录)调load(top)函数读文件
    }
    ASK(star);                          // 为记录申请内存
    old=top;                            // 找到链表尾部
    while(old->next!=NULL)
    {
        old=old->next;
    }
    print   输入数据和结束输入的方法提示
    调整计数器count
    do
    {
        计数器计数
        输入name值
        if(strcmp(star->name,"0") == 0)
        { 退出循环     }
         输入tel值
        if(count==0) top=star;          // 第一个记录特殊处理
        old->next=star;                 // 处理其他记录
        old=star;                       // 为下一个做好准备
        ASK(star);                      // 申请新内存空间
    }while(star->name[0]!='0');
    old->next=NULL;                     // 置结束标记
    return top;
END
```

用来作为标记的有两个变量：一个是 name 域，用来设置输入结束标记；一个是记录计数器 count，用来判别是否是第一个记录。只有在第一次输入记录时，才自动读入文件。一旦内存有了记录，就不能再取文件，否则取入的文件内容将覆盖现在的输入信息。

在没有建文件之前，需要特别处理第一个记录。这也是通过判别记录计数器 count 实现的。下面是这个函数的源程序清单：

```c
// 输入信息函数
#include "record.h"
ADDR *slstore(ADDR *top)
{
    ADDR *old;
    ADDR *star;
    FILE *fp;

    if ((fp=fopen("sname","rb"))==NULL)            // 判别是否已有文件
    {
        printf("还没有建立文件，退出时别忘记存文件。\n");
    }
    else
    {
        fclose(fp);
        if(count==0)
```

```c
            {
                printf("请稍候,取已有文件...\n");
                top = load ( top );
            }
        }

        ASK(star);
        old=top;

        while(old->next!=NULL)
        {
            old=old->next;
        }

        printf(" 输入数据,输入 0 时结束。\n");

        --count;
        do
        {
            ++count;
            printf(" 代号 :");
            gets(star->name);
            if(strcmp(star->name,"0") == 0)
            break;

            printf(" 电话 :");
            gets(star->tel);
            if(count==0) top=star;
            old->next=star;
            old=star;
            ASK(star);
        }while(star->name[0]!='0');

        old->next=NULL;
        free(star);

        return(top);
}
```

5. delete_record.c

删除功能比较繁琐,下面是对它的简单描述。

```
BEGIN
   for(;;)
   {
        标志初始化
        如果记录为空,退出本函数
        操作方式:
        1.通过代号
        2.通过号码
        3.退出操作
        判别输入是否在设置范围,否则要求重新输入
        根据输入转入相应处理程序
        如果找到,继续进行删除操作并处理标志位
```

否则给出没有的信息，继续进行删除操作
}
END

需要使用 break、continue、return 语句区别不同要求。程序清单如下：

```c
#include "record.h"
ADDR *delete_record(ADDR *top)
{
    char choose[2],input[30];
    int cn = 0;
    int flage;
    ADDR *old,*star;
    for(; ; )
    {
        flage=1;
        if(count==0)
        {
            printf("记录已经为空表，退出删除操作！ ");
            return top;
        }
        printf("1.通过代号 \n");
        printf("2.通过号码 \n");
        printf("3.退出操作 \n");
        printf("选择 1-3:");
        gets(choose);
        while(1)
        {
            cn = atoi(choose);
            if (cn <1 || cn>3)
            {
                printf("输入错误，重选 1-3: ");
                gets(choose);
            }
            else break;
        }
        switch(cn)
        {
            case 1:
                printf("请输入代号: ");
                break;
            case 2:
                printf("请输入号码: ");
                break;
            case 3:
                printf("退出删除操作 \n");
                return top;

        }
        gets(input);

        old = star = top;
        while(star!=NULL)
        {
            if ((cn == 1 && strcmp(input,star->name) == 0)
                 || (cn == 2 && strcmp(input,star->tel) == 0))
```

```
                {
                    if (star == top)
                    {top = star->next;}
                    else
                    {old->next = star->next;}
                    free(star);
                    --count;                          // 调整计数器
                    printf("已经删除该记录 \n");      // 给出删除成功的信息
                    flage=0;
                    break;
                }
                else
                {
                    old = star;
                    star = star->next;
                }
        }
        if (flage!=0)
        {
            printf("没有找到该记录 \n");
            flage=1;
        }
        continue;
    }

}
```

8.3 record 程序的测试

程序测试的真正目的在于提高对程序的信任程度。这就是说，对可能出现的各种不同的情况，都必须做出具体的测试。

应在程序组装成一个整体之前，分别测试各个模块的操作。在测试之前，必须理解究竟要证明什么，测试什么和怎样测试。测试应该按源文件分组，因为在每个源文件中的函数不能分开，所以把它们放在一起测试。对每个被测试的源文件，都要列出测试程序清单，同时给出测试运行结果。不过，为了节省篇幅，本节不得不对运行结果加以压缩。它们可能没有反映出该源文件中所有函数的测试结果，或者没有对可能出现的各种情况做出测试，但至少可以给出测试程序的示范运行过程。

1. record.c 的测试

程序功能描述、伪码程序和源文件清单，对于决定测试什么和怎样测试，将有很大的帮助。一般可以使用特殊的函数测试 main() 函数，即设计一个虚构的执行过程，替代实际的函数体。它们包括 printf 语句，告知它们何时被调用和显示所接收的参数，但返回值将从键盘上获得。这样的特殊函数常常称为桩（stub）函数。

其实，只要用 printf 语句代替 handle_menu 函数里的函数调用语句，即可测试这个文件的功能。

```
handle_menu(ADDR *top)
{
    for ( ; ; ) {
        switch ( menu_select ( )) {
```

```
            case 1:
                printf ( "slstore ( top ) \ n" );
                break;
            case 2:
                printf ( "display ( top ) \ n");
                break;
            case 3:
                printf ( "save ( top ) \ n");
                break;
            case 4:
                printf ( "top = load ( top ) \ n");
                break;
            case 5:
                printf ( "top = delete_record ( top ) \ n");
                break;
            case 6:
                printf ( "Goodbye! \ n");
                exit(0);
        }
    }
}
```

编译并运行该程序。输入数据就是测试数据,所以输入时既要有 1 ~ 6 的数字,也要有大于 5 和小于 1 的数字;既要有正数,也要有负数。既要有普通字符,也要有特殊字符。

因为该程序的运行结果一目了然,所以这里就不列出了。现在的 main 函数已经能正常工作,用它就可以对其他模块进行测试。

鉴于这个程序实在太简单,所以实际上也是在进行组装测试和确认测试。为此,可以不用上面的简单方法,而是采用同时判别各个函数的数据类型是否正确的办法进行测试。这也相当于自顶向下测试,即先构造一些虚构函数,把这些函数的虚构过程加入测试程序,再逐渐用实际函数代替虚构过程。一旦全部模块测试完毕,也就将整个程序连成一体了。因为这个函数里没有必要在调用它们的函数之后进行测试,所以不需要自底向上测试。

2. display 函数的测试

之所以单独测试它,是为了利用它直观地检查其他函数的测试结果。

将 handle_menu 函数的 case 2 项恢复正常,就可以进行没有文件的操作测试。这时程序输出"现在没有记录!"。

在主程序里可以初始化一个数据,就可以测试有记录的情况。只要给 top 赋初值,然后将计数器置 1 即可。例如:

```
void main ( )
{
  ADDR *top;
  ASK(top);
  top->next=NULL;
  count=1;
  strcpy(top->name,"A201");
  strcpy(top->tel,"12345");
  handle_menu(top);
}
```

因为结构变量 name 和 tel 是字符串,所以不能使用如下语句为它们赋值:

```
top->name="A201";

top->tel="12345";    // 错误
```

编译运行，选择2，则得到如下结果：

```
现在共有如下 1 条记录：
代号      电话
A201     12345

1. 增加记录
2. 显示记录
3. 保存记录
4. 读取记录
5. 删除记录
6. 结束运行
左边数字对应功能选择，请选 1-6:
```

3. sav_load.c 文件的测试

采取与测试 display 函数相同的方法，将 handle_menu 函数里 switch 语句相应的 case 项恢复正常，就可以进行没有文件的操作测试。对于 save 函数，应该报告没有记录可存的信息；对于 load 函数，则在报告打不开文件信息之后，就关闭程序。

选取测试 display 函数在主程序里初始化的一个数据，先测试存文件，然后测试取文件，使用 display 函数验证。去掉菜单选项的 5 条重复信息，结果如下：

```
左边数字对应功能选择，请选 1-6: 3
存文件
1 条记录已经存入文件，请继续操作。

左边数字对应功能选择，请选 1-6: 4
取文件...
取入 1 条记录。

左边数字对应功能选择，请选 1-6: 2
现在共有如下 1 条记录：
代号      电话
A201     12345
```

4. *slstore 函数的测试

这是本程序比较复杂的一个子程序，也是保证建立记录的关键程序。它的测试需要 load 函数和 display 函数的配合。下面给出一个详细测试计划，以免漏掉测试项目。

（1）不使用数据记录文件，检验是否能报告文件不存在并给出存文件的提示。

（2）如果文件不存在，则不能调用 load 函数，而且要正确处理第一个数据。

（3）在文件不存在的情况下，如果选择第 1 项之后并没有输入数据，退出选项，然后再次进入选项 1，结果应与前两项要求相同，即具有可重复性。

（4）虽然文件不存在，但一旦建立一个记录之后，就不再给出存文件的提示，直接进入要求输入数据的循环中。

（5）如果文件已经存在，但内存中还没有记录时，选择第 1 项，必须先将文件内容读入。

（6）在操作中，只允许这个函数读入一次文件，不允许再次读入。

（7）新记录必须追加在尾部。

（8）分别使用最长和最短测试数据进行测试。

（9）load 和 save 函数的调用不影响本函数。在使用 delete_record 函数将全部记录删除之后，能立即进入添加状态并正确工作。

display 函数为测试提供了很大方便，可以直观地观察测试结果。因为菜单太占篇幅，所以下面使用"菜单选择 1-6"一行文字表示菜单的提示信息。下面是几组典型测试结果。

测试从没有文件到建立文件并输入信息，借助存储和显示功能验证。

```
菜单选择 1-6
左边数字对应功能选择，请选 1-6: 1
还没有建立文件，退出时别忘记存文件。
输入数据，输入 0 时结束。
代号 :A021
电话 :13912345678
代号 :B201
电话 : 北京 010 67721348
代号 :0
菜单选择 1-6

左边数字对应功能选择，请选 1-6: 3
存文件
3 条记录已经存入文件，请继续操作。
菜单选择 1-6

左边数字对应功能选择，请选 1-6: 4
取文件 ...
取入 3 条记录。

左边数字对应功能选择，请选 1-6: 2
现在共有如下 3 条记录：
代号      电话
A201      12345
A021      13912345678
B201      北京 010 67721348
菜单选择 1-6

左边数字对应功能选择，请选 1-6: 6
退出操作，再见！
测试有文件并在文件尾部添加信息，借助存储和显示功能验证。
菜单选择 1-6

左边数字对应功能选择，请选 1-6: 1
请稍候，取已有文件 ...
取文件 ...
取入 3 条记录。输入数据，输入 0 时结束。
代号 :0100
电话 :(86)-(551)-36071234
代号 :0
菜单选择 1-6

左边数字对应功能选择，请选 1-6: 2
现在共有如下 4 条记录：
代号      电话
A201      12345
A021      13912345678
```

```
B201      北京 010  67721348
0100      (86)-(551)-36071234
菜单选择 1-6
```

```
左边数字对应功能选择，请选 1-6: 3
存文件
4 条记录已经存入文件，请继续操作。
菜单选择 1-6
```

```
左边数字对应功能选择，请选 1-6: 4
取文件...
取入 4 条记录。
菜单选择 1-6
```

```
左边数字对应功能选择，请选 1-6: 2
现在共有如下 4 条记录：
代号      电话
A201      12345
A021      13912345678
B201      北京 010  67721348
0100      (86)-(551)-36071234
```

测试不同的数据，以及各个菜单的配合作用。删除全部数据直接进入添加的功能，放在删除测试中进行。

```
菜单选择 1-6
左边数字对应功能选择，请选 1-6: 1
输入数据，输入 0 时结束。
代号 :w345
电话 :we  We are here!
代号 :0
菜单选择 1-6
```

```
左边数字对应功能选择，请选 1-6: 2
现在共有如下  5  条记录：
代号      电话
A201      12345
A021      13912345678
B201      北京 010  67721348
0100      (86)-(551)-36071234
w345      we  We are here!
菜单选择 1-6
```

```
左边数字对应功能选择，请选 1-6: 4
取文件...
取入 4 条记录。
菜单选择 1-6
```

```
左边数字对应功能选择，请选 1-6: 2
现在共有如下  4  条记录：
代号      电话
A201      12345
A021      13912345678
B201      北京 010  67721348
0100      (86)-(551)-36071234
```

上面测试用原来数据覆盖新数据。因为测试结果占用篇幅过大，所以就不再举例。总之，要进行彻底的测试。

5. `delete_record` 函数的测试

为了节约时间，先用两组数据测试其功能，然后再测试对不同数据删除的正确性。这里仅对用代号删除的功能进行测试，主要验证它的功能及退出程序的正确出口。验证全部删除之后，直接进入添加状态也不会出错。

```
菜单选择 1-6
左边数字对应功能选择，请选 1-6: 2
现在共有如下 2 条记录：
代号      电话
1         23
2         34
菜单选择 1-6

左边数字对应功能选择，请选 1-6: 5
1.通过代号
2.通过号码
3.退出操作
选择 1-3:4
输入错误，重选 1-3: 1
请输入代号: 1
已经删除该记录
1.通过代号
2.通过号码
3.退出操作
选择 1-3:we
输入错误，重选 1-3: 1
请输入代号: we
没有找到该记录
1.通过代号
2.通过号码
3.退出操作
选择 1-3:1
请输入代号: 2
已经删除该记录
记录已经为空表，退出删除操作！
菜单选择 1-6

左边数字对应功能选择，请选 1-6: 5
记录已经为空表，退出删除操作！

左边数字对应功能选择，请选 1-6: 1
请稍候，取已有文件 ...
取文件 ...
取入 2 条记录。输入数据，输入 0 时结束。
代号 :2
电话 :2222
代号 :0

菜单选择 1-6

左边数字对应功能选择，请选 1-6: 2
```

现在共有如下 3 条记录：
代号   电话
1   23
2   34
2   2222

由此可见，删除之后不需要考虑初始化，因为它是以文件为依据。上面的测试还在删除全部数据退出删除操作之后，立即再次进入删除选项进行验证。

其他的测试项目不再演示，读者可以自行验证。

6. 组装和确认测试

因为这个程序构造简单，所以对它的模块测试也有许多与组装和确认测试类似的地方。只是在组装和确认测试时，要写出详细的计划书，按预定的方法组织测试数据。测试的面要宽，数据要能覆盖要求。例如，在测试追加数据时，应分别检验空表、有一个记录及两个记录的情况；对显示函数，一定也要区分几种情况。此外，别忘记对出错处理功能的测试。

不同的模块在使用函数参数时，可能会发生冲突。若测试过程中并没有把调用函数和被调用函数放在一起，则必须验证它们是否能够在一起工作。

在本程序中，要注意全局变量是否正确。不过，通过仔细观察就可以证实它们是否正确。观察也是一种验证手段。

即使链接了整个程序，并且已经证明函数调用接口能正确工作，在这之后，还可能存在错误。在程序某一部分所做的假设也许和另一部分的假设不一致，如发现这一类错误，应使用各种类型的数据文件运行程序。通过测试，应对达不到要求的程序加以改进。

测试时要注意选取好的测试数据。从整体测试模块是必不可少的一步，尤其是实时性要求高的程序，一定还要进行联机测试。软件测试经历模块测试、组装测试和确认测试三个步骤之后，才能算是完成了全部测试过程。当然，别忘记对文档的检查。

7. 性能分析和改进的建议

在测试中，要作详细记录，通过分析对比，不仅写出测试报告，还应写出性能分析报告和改进的建议。例如，程序还需要具有检索、排序及把输入数据按大小顺序插入原来的记录之中等功能，这些都可以作为分析的依据，写出合理的文档。

8.4 评价标准

全部做对并能进行正确测试，给 85～88 分，对有创意的设计，例如增加查询功能或者对加强功能测试，均可以再加分。

全部做对但测试欠缺，给 78～84 分。程序有错误，根据情况给 65～80 分。

如果不能正确地使用工程或者菜单不正确，均判为不及格。如果文件读写不对，也判为不及格。错误较多或功能不正确，也判为不及格。

本课程设计为选做内容，可以根据实际教学情况决定。如果学生熟悉链表，可以再为本课程设计增加其他功能。例如，可以为课程设计增加查询功能，并且能够打开指定文件或修改指定文件及将多个文件组成一个文件从而构成一个实用的小型通信录程序。增加这些扩充功能，可以得到 90 分以上的成绩。

第 9 章
使用循环链表求解约瑟夫游戏

本章将使用循环链表再次设计出圈游戏程序,目的是让读者接触简单的循环链表概念并进一步熟悉结构化程序设计思想。

9.1 简单的循环链表求解约瑟夫游戏

重述 6.1 节的传说如下:

传说有 30 个乘客同乘一条船,因为严重超载,加上风浪大作,危险万分。船长告诉乘客,只有将全船一半的乘客投入海中,其余人才能幸免于难。无奈,大家只得同意这种办法,并议定 30 个人围成一圈,由第一个人数起,依次报数,数到第 9 人,便把他投入大海中,然后再从他的下一个人数起,数到第 9 人,再将他扔进大海中,如此循环地进行,直到剩下 15 个乘客为止。问哪些位置是将被扔下大海的位置。由这个传说产生了约瑟夫环的游戏。

第 6.5 节给出两种改写 6.4 节程序的方法,实现满足按参加游戏的人的出列的顺序输出他们的名字,并且不需要事先确定参加游戏的人数。

其实,6.5 节为了解决这一问题,是用一个长度为 30 内存区作为线性存储结构,并把该内存区看成是一个首尾相接的环形结构,那么每向大海投入一个乘客就要在该存储区的相应位置做一个删除标记,该单元以后就不再作为计数单元。这样做不仅算法较复杂而且效率低,还要移动大量的元素,因此本节将介绍如何使用简单的循环链表求解约瑟夫环游戏。

9.1.1 简单循环链表设计思想

用循环单链表来解决这一问题,实现的方法要简单得多。首先要定义链表结点,循环单链表的结点结构与一般单链表的结点结构完全相同,只是数据域用一个整数来表示位置;然后将它们组成一个具有 30 个结点的循环单链表。接下来从位置为 1 的结点开始数,数到第 8 个结点,就将下一个结点从循环链表中删去,然后再从删去结点的下一个结点开始数起,数到第 8 个结点,再将其下一个结点删去,如此循环,直至剩下 15 个结点为止。

不失一般性,将 30 改为一个任意输入的正整数 n,而报数上限(原为 9)也为一个任选的正整数 k,仍然保留二分之一的生还者。

1. 设计结点的数据结构

定义一个链表结构类型如下:

```
typedef struct node{
    int data;
    struct node * next;
```

```
}ListNode;
typedef ListNode * LinkList;
```

2. 创建含有 *n* 个结点的循环单链表

创建这个链表很简单，设计 InitRing 函数实现循环单链表。

```
LinkList  InitRing(int n, LinkList R)
```

这个函数需要返回建立的链表以供其他函数使用。因为是整数，所以最后一个结点的数值一致，以便建立循环单链表。

3. 生者与死者选择函数

生者与死者选择函数如下：

```
LinkList DeleteDeath(int n, int k, LinkList R)
```

算法描述如下：

```
p 指向链表第一个结点，初始 i 置为 1；
while(i<=n/2)                    // 因为保留一半的生还者，所以只需循环 n/2 次
{
        从 p 指向的结点沿链前进 k-1 步；
        删除第 k 个结点（用 q 指向的结点）；p 指向 q 的下一个结点；
        输出该位置的编号 q->data；
        i 自增 1；
}
```

这个函数需要返回链表以供 OutRing 函数使用。

4. 输出所有生者的位置

设计输出所有生者的位置的函数。显然，链表里剩下的就是生者，设计一个输出函数即可。这个函数不需要返回值。

```
void OutRing(int n, LinkList R);
```

9.1.2　函数实现

编写三个函数。

1. 建立循环单链表函数

```
/****************************
* 建立循环单链表函数          *
****************************/
LinkList  InitRing(int n, LinkList R)
{
    // 尾插法建立循环单链表
    ListNode  *p, *q;
    int i;
    R=q=(LinkNode *)malloc(sizeof(LinkNode));
    for(i=1;i<n;i++)
    {
      p=(LinkNode *)malloc(sizeof(LinkNode));
      q->data=i;
      q->next=p;
      q=p;
    }
```

```
    p->data=n;              // 尾结点赋值
    p->next=R;              // 链表首尾相接
    R=p;                    //R 指向循环链表尾结点
    return R;
}
```

数字域的值从 1 开始。因为尾结点是整数 n，所以可以直接赋值。

2. 生者与死者的选择

```
/***************************
*  生者与死者的选择函数        *
***************************/
LinkList DeleteDeath(int n, int k, LinkList R)
{
    int i, j;
    ListNode *p , *q;
    p=R;
    for(i=1; i<=n/2; i++)              // 循环次数 n/2
    {
        for(j=1; j<=k-1; j++)          // 沿链前进 k-1 步
            p=p->next;
        q=p->next;                     //q 为被删除结点
        p->next=q->next;               // 删除结点
        printf("%4d",q->data);         // 输出一个抛入大海者
        free(q);                       // 释放空间
    }
    R=p;   return R;
}
```

3. 输出所有生者

```
/***************************
*  输出所有生者函数            *
***************************/
void OutRing(int n, LinkList R)
{
    int i;
    ListNode *p;
    p=R;
    for(i=1; i<=n/2; i++,p=p->next)
    {
        printf("%4d",p->data);
    }
}
```

如果考虑到参加游戏的人数可能不是偶数，则应使用如下程序：

```
/***************************
*  根据有代表性的              *
* 输出所有生者函数             *
***************************/
void OutRing(int n, LinkList R)
{
    int i;
    ListNode *p;
    p=R;
    if(n%2==0) n=n/2;                  // 偶数则为一半
```

```
    else       n=n/2+1;           // 奇数则生者比死者多 1 个
    for(i=1; i<=n; i++,p=p->next)
    {
        printf("%4d",p->data);
        if(i % 5==0)printf("\n");
    }
    printf("\n");
}
```

9.1.3 参考程序

建立工程 s91 并在其中定义一个头文件 s91.h 和一个源文件 s91.c。

1. 头文件 s91.h

```
#include<stdio.h>
#include<stdlib.h>
typedef struct node{
    int data;
    struct node * next;
}ListNode;
typedef ListNode * LinkList;
LinkList InitRing(int n, LinkList R);
LinkList DeleteDeath(int n, int k, LinkList R);
void OutRing(int n, LinkList R);
```

2. 源文件 s91.c

```
#include "s91.h"

void main( )
{
    LinkList R=NULL;
    int n,k;
    printf(" 总人数 n=");
    scanf("%d",&n);
    printf(" 报数上限 k=");
    scanf("%d",&k);
    R=InitRing(n,R);
    printf(" 出局名单如下 :\n");
    R=DeleteDeath(n,k,R);

    printf(" 生还者名单如下 :\n");

    OutRing(n, R);
}

/***************************
 * 建立循环单链表函数        *
 ***************************/
LinkList InitRing(int n, LinkList R)
{
    ListNode *p, *q;
    int i;
    R=q=(ListNode *)malloc(sizeof(ListNode));
    if(R==NULL)
    {
```

```c
            printf(" 内存分配错误 ");
            exit(1);
        }
        for(i=1;i<n;i++)
        {
            p=(ListNode *)malloc(sizeof(ListNode));
            if(p==NULL)
            {
                printf(" 内存分配错误 ");
                exit(1);
            }

            q->data=i;
            q->next=p;
            q=p;
        }
        p->data=n;
        p->next=R;
        R=p;

        return R;
}


/***************************
* 生者与死者选择函数          *
***************************/
LinkList DeleteDeath(int n, int k, LinkList R)
{
        int i, j;
        ListNode *p , *q;
        p=R;
        for(i=1; i<=n/2; i++)                // 循环次数 n/2
        {
            for(j=1; j<=k-1; j++)            // 沿链前进 k-1 步
                p=p->next;
            q=p->next;                       //q 为被删除结点
            p->next=q->next;                 // 删除 q 指向的结点
            printf("%4d",q->data);
            if(i % 5==0) printf("\n");
            free(q);
        }
        printf("\n");
        R=p;
        return R;
}


/***************************
* 输出所有生者函数            *
***************************/
void OutRing(int n, LinkList R)
{
    int i;
    ListNode *p;
    p=R;
    if(n%2==0) n=n/2;
    else       n=n/2+1;
```

```
        for(i=1; i<=n; i++,p=p->next)
        {
            printf("%4d",p->data);
            if(i % 5==0)printf("\n");
        }
        printf("\n");
}
```

3. 运行实例

```
总人数 n=30
报数上限 k=9
出局名单如下:
   9   18   27    6   16
  26    7   19   30   12
  24    8   22    5   23

生还者名单如下:
  21   25   28   29    1
   2    3    4   10   11
  13   14   15   17   20

总人数 n=6
报数上限 k=2
出局名单如下:
   2    4    6
生还者名单如下:
   5    1    3

总人数 n=5
报数上限 k=2
出局名单如下:
   2    4
生还者名单如下:
   3    5    1
```

9.2 能输出姓名的循环链表求解约瑟夫游戏

整数域的链表不能输出参加游戏者的姓名,本节将解决这个问题。

9.2.1 设计思想

只要将数据结构中的数字域改为字符串即可。

```
typedef struct node{
    char name[15];
    struct node * next;
}ListNode;
```

数字域的值从 1 开始。因为尾结点是整数 n,所以可以直接赋值。这里要求的是名字,必须单独处理,将其首尾相连,构成循环链表。

```
/***************************
* 建立循环单链表函数         *
***************************/
LinkList InitRing(int n, LinkList R)
```

```
{
    ListNode  *p, *q;
    int i;
    char s[15];
    R=q=(ListNode *)malloc(sizeof(ListNode));
    getchar();
    for(i=1;i<n;i++)
    {
        p=(ListNode *)malloc(sizeof(ListNode));
        if(p==NULL)
        {
            printf(" 内存分配错误 ");
            exit(1);
        }

        printf(" 第 %d 个人的名字 :",i);
        gets(s);
        strcpy(q->name,s);

        q->next=p;
        q=p;
    }
    // 处理最后一个结点
    printf(" 第 %d 个人的名字 :",i);
    gets(s);
    strcpy(p->name,s);            // 处理最后一个名字
    p->next=R;                    // 首尾相连
    printf("\n");
    R=p;
    return R;
}
```

9.2.2 参考程序

建立工程 s92 并在其中定义一个头文件 s92.h 和一个源文件 s92.c。

1. 头文件 s92.h

```
#include<stdio.h>
#include<stdlib.h>
typedef struct node{
     char name[15];
     struct node * next;
}ListNode;
typedef ListNode * LinkList;
LinkList InitRing(int n, LinkList R);
LinkList DeleteDeath(int n, int k, LinkList R);
void OutRing(int n, LinkList R);
```

2. 源文件 s92.c

```
#include "s92.h"

void main( )
{
    LinkList R=NULL;
    int n,k;
```

```c
    printf(" 总人数 n=");
    scanf("%d",&n);
    printf(" 报数上限 k=");
    scanf("%d",&k);
    R=InitRing(n,R);

    printf(" 出局名单如下:\n");
    R=DeleteDeath(n,k,R);

    printf(" 生还者名单如下:\n");

    OutRing(n, R);
}

/*****************************
 * 建立循环单链表函数          *
 *****************************/
LinkList InitRing(int n, LinkList R)
{
    ListNode   *p, *q;
    int i;
    char s[15];
    R=q=(ListNode *)malloc(sizeof(ListNode));
    if(R==NULL)
    {
        printf(" 内存分配错误 ");
        exit(1);
    }
    getchar();
    for(i=1;i<n;i++)
    {
        p=(ListNode *)malloc(sizeof(ListNode));
        if(p==NULL)
        {
            printf(" 内存分配错误 ");
            exit(1);
        }

        printf(" 第 %d 个人的名字 :",i);
        gets(s);
        strcpy(q->name,s);

        q->next=p;
        q=p;
    }

     printf(" 第 %d 个人的名字 :",i);
     gets(s);
     strcpy(p->name,s);
     p->next=R;
     printf("\n");
     R=p;

     return R;
}
```

```
/***************************
 *  生者与死者选择函数        *
 ***************************/
LinkList DeleteDeath(int n, int k, LinkList R)
{
    int i, j;
    ListNode *p, *q;
    p=R;
    for(i=1; i<=n/2; i++)        // 求循环次数，若人数为奇数，则生者为多数
    {
        for(j=1; j<=k-1; j++)    // 沿链前进 k-1 步
            p=p->next;
        q=p->next;               //q 为被删除结点
        p->next=q->next;         // 删除 q 指向的结点
        printf("%s ",q->name);
        if(i % 5==0) printf("\n");
        free(q);
    }
    printf("\n");
    R=p;
    return R;
}

/***************************
 *  输出所有生者函数          *
 ***************************/
void OutRing(int n, LinkList R)
{
    int i;
    ListNode  *p;
    p=R;
    if(n%2==0) n=n/2;
    else       n=n/2+1;
    for(i=1; i<=n; i++,p=p->next)
    {
        printf("%s ",p->name);
        if(i % 5==0)printf("\n");
    }
    printf("\n");
}
```

3. 运行实例

总人数 n=5
报数上限 k=2
第 1 个人的名字：李一明
第 2 个人的名字：王小二
第 3 个人的名字：张　三
第 4 个人的名字：李　四
第 5 个人的名字：王老五

出局名单如下：
王小二 李　四
生还者名单如下：
张　三 王老五 李一明

```
总人数 n=30
报数上限 k=9
第1个人的名字:1
第2个人的名字:2
……   //省去中间过程，主要是验证后面的约瑟夫环程序
第29个人的名字:29
第30个人的名字:30

出局名单如下：
9 18 27 6 16
26 7 19 30 12
24 8 22 5 23

生还者名单如下：
21 25 28 29 1
2 3 4 10 11
13 14 15 17 20
```

9.3 使用动态内存的循环链表求解约瑟夫游戏

可以直接使用一块连续内存区构成一个简单的链表来求解。

只要申请一块连续内存空间，并通过指向自身的指针将这些存储区首尾链接起来，就形成一个简单的环形链表。

例如，设计如下一个简单结构：

```
struct person
{
    int code;
    char name[10];
    person *next;
};
```

假设参加人数为3人，则可以申请如下一块内存：

```
person *p=new person[3];
```

将 next 域按链表要求连接起来，就构成一个简单链表。图9-1是具有3个节点的简单循环链表示意图。

假设分配的顺序是 code、name、next，则 code 从1开始顺次增1，名字分别如图9-1所示，使用箭头指示所在 next 的指向。其实，箭头就是指向相邻的地址，最后一个则指向第一个的首地址，从而构成一个循环链表。

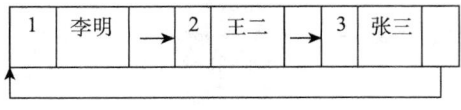

图9-1 简单循环链表示意图

9.3.1 设计思想

对该题来讲，只要一个字符串数据即可。

```
typedef struct node{
    char name[15];
    struct node * next;
}ListNode;
```

申请一块连续内存空间：

```
LinkList R=NULL;
R=(ListNode *)malloc(n*sizeof(ListNode));
```

因为已经有连续的内存，所以建立循环单链表的过程大大简化。

```
LinkList InitRing(int n, LinkList R)
{
    ListNode  *RCurrent;
    int i;
    char s[15];
    RCurrent=R;
    getchar();

    for(i=1;i<=n;i++, RCurrent=RCurrent->next)
    {
        RCurrent->next=R+i%n;       // 将结点链接起来
        printf(" 第 %d 个人的名字 :",i);
        gets(s);
        strcpy(RCurrent->name,s);
    }

    RCurrent=&R[n-1];               // 将当前游戏者调到最后一个编号
    R=RCurrent;
    return R;
}
```

注意　建立好的链表是当前游戏者处于第 1 个编号，为了不改动其他程序，应将其调到最后一个编号。如下两条语句实现这一功能。

```
RCurrent=&R[n-1];                   // 将当前游戏者调到最后一个编号
R=RCurrent;
```

9.3.2　参考程序

建立工程 s93 并在其中定义一个头文件 s93.h 和一个源文件 s93.c。

1. 头文件 s93.h

```
#include<stdio.h>
#include<stdlib.h>
typedef struct node{
      char name[15];
      struct node * next;
}ListNode;
typedef ListNode * LinkList;
LinkList InitRing(int n, LinkList R);
LinkList DeleteDeath(int n, int k, LinkList R);
void OutRing(int n, LinkList R);
```

2. 源文件 s93.c

```
#include "s93.h"

void main( )
{
    LinkList R=NULL;
```

```c
    int n,k;
    printf(" 总人数 n=");
    scanf("%d",&n);
    R=(ListNode *)malloc(n*sizeof(ListNode));
    if(R==NULL)
    {
        printf(" 内存分配错误 ");
        exit(1);
    }
    printf(" 报数上限 k=");
    scanf("%d",&k);
    R=InitRing(n,R);

    printf(" 出局名单如下 :\n");
    R=DeleteDeath(n,k,R);
    printf(" 生还者名单如下 :\n");
    OutRing(n, R);
}

/***************************
 * 建立循环单链表函数       *
 ***************************/
LinkList InitRing(int n, LinkList R)
{
    ListNode  *RCurrent;
    int i;
    char s[15];
    RCurrent=R;
    getchar();

    for(i=1;i<=n;i++, RCurrent=RCurrent->next)
    {
        RCurrent->next=R+i%n;                  // 将结点链接起来
        printf(" 第 %d 个人的名字 :",i);
        gets(s);
        strcpy(RCurrent->name,s);
    }

    RCurrent=&R[n-1];                          // 将当前游戏者调到最后一个编号
    R=RCurrent;
    return R;
}

/***************************
 * 生者与死者选择函数       *
 ***************************/
LinkList DeleteDeath(int n, int k, LinkList R)
{
    int i, j;
    ListNode *p , *q;
    p=R;
    for(i=1; i<=n/2; i++)                      // 求循环次数
    {
        for(j=1; j<=k-1; j++)                  // 沿链前进 k-1 步
            p=p->next;
        q=p->next;                             //q 为被删除结点
```

```
            p->next=q->next;                    // 删除q指向的结点
            printf("%s ",q->name);
            if(i % 5==0) printf("\n");
        }
        printf("\n");
        R=p;
        return R;
}

/*****************************
* 输出所有生者函数            *
*****************************/
void OutRing(int n, LinkList R)
{
        int i;
        ListNode  *p;
        p=R;
        if(n%2==0) n=n/2;
        else n=n/2+1;
        for(i=1; i<=n; i++,p=p->next)
        {
            printf("%s ",p->name);
            if(i % 5==0)printf("\n");
        }
        printf("\n");
}
```

3. 运行实例

```
总人数 n=5
报数上限 k=2
第1个人的名字：李一明
第2个人的名字：王小二
第3个人的名字：张  三
第4个人的名字：李  四
第5个人的名字：王老五

王老五 李一明 王小二 张  三 李  四
出局名单如下：
王小二 李  四
生还者名单如下：
张  三 王老五 李一明

总人数 n=30
报数上限 k=9
第1个人的名字:1
第2个人的名字:2
……    // 省去中间过程，主要是验证后面的约瑟夫环程序
第29个人的名字:29
第30个人的名字:30

出局名单如下：
9 18 27 6 16
26 7 19 30 12
24 8 22 5 23
```

生还者名单如下：
21 25 28 29 1
2 3 4 10 11
13 14 15 17 20

总人数 n=5
报数上限 k=2
第 1 个人的名字 :1
第 2 个人的名字 :2
第 3 个人的名字 :3
第 4 个人的名字 :4
第 5 个人的名字 :5
出局名单如下：
2 4
生还者名单如下：
3 5 1
总人数 n=6
报数上限 k=2
第 1 个人的名字 :1
第 2 个人的名字 :2
第 3 个人的名字 :3
第 4 个人的名字 :4
第 5 个人的名字 :5
第 6 个人的名字 :6
出局名单如下：
2 4 6
生还者名单如下：
5 1 3

9.4　优化循环链表求解约瑟夫游戏

本节是对上一节的程序进行优化，以增加程序的结构化和可读性。

9.4.1　设计思想

主程序设计三个函数求解。

```
int main( )
{
    Initial();              // 取得参加游戏的人数 number 和间隔数 interval
    SetRing (number);       // 根据参加游戏的人数 number 建立循环链表
    Find();                 // 求解
    return 0;
}
```

为了提高结构化和效率，使用 Find 函数分别调用两个函数实现相应功能。

```
void Find()
{
    Find1();                // 求解并输出死者名单
    Find2();                // 输出生者名单
}
```

9.4.2　参考程序

建立工程 Ring，在其中定义一个头文件 Ring.h，并定义源文件 Ring.c 和 main.c。

1. 头文件 Ring.h

使用标准的条件编译方法建立头文件。

```c
/***************************
 * 建立头文件              *
 ***************************/
#if !defined(RING_H)
#define RING_H

#include <stdio.h>
#include "string.h"
#include <stdlib.h>

struct person
{
    char name[10];
    struct person *next;
};

struct person *pBegin;
struct person *pCurrent;
struct person *pTmp;
int number;
int interval;

void Countx(int m);
void Dispx();
void Clsx();
void SetRing(int n);
void Find();
void Find1();
void Find2();
void SetRing(int n);
void Initial();

#endif
```

2. 源文件 Ring.c

```c
#include "Ring.h"

/***************************
 * SetRing 函数            *
 * 功能：建立循环链表      *
 * 参数：n  循环链表长度   *
 ***************************/
void SetRing(int n)
{
    int i;
    char s[10];
    pBegin=(struct person *)malloc(n*sizeof(struct person));
    pCurrent=pBegin;
    for(i=1; i<=n; i++, pCurrent=pCurrent->next)
    {
        pCurrent->next=pBegin+i%n;
        printf("输入第 %d 个人的名字：",i);
```

```
            gets(s);
            strcpy(pCurrent->name,s);
    }

        pCurrent=&pBegin[n-1];
}


/*****************************
* Countx 函数                *
* 功能：间隔计数             *
* 参数 n：   间隔长度        *
*****************************/
void Countx(int m)
{
    int i;
    for(i=0; i<m; i++)
    {
        pTmp=pCurrent;
        pCurrent=pTmp->next;
    }
}


/*****************************
* Dispx 函数                 *
* 功能：输出出局者信息       *
*****************************/
void Dispx()
{
     printf("%s ",pCurrent->name);
}


/*****************************
* Clsx 函数                  *
* 功能：删除出局者结点       *
*****************************/
void Clsx()
{
     pTmp->next=pCurrent->next;
     pCurrent=pTmp;
}


/*******************************
* Initial 函数                 *
* 功能：接受游戏的人数和间隔数 *
* number：参加游戏的人数       *
* interval：间隔数             *
*******************************/
void Initial()
{
     printf(" 输入参加游戏的人数：");
     scanf("%d",&number);
     printf(" 输入间隔数：");
     scanf("%d",&interval);
     getchar();
}
```

```c
/***************************
 * Find 函数               *
 * 功能：求解              *
 ***************************/
void Find()
{
    Find1();
    Find2();
}
// 根据参加游戏的人数 number 和间隔数 interval 求解
/***************************
 * Find1 函数              *
 * 功能：求解并输出死者名单 *
 ***************************/
void Find1()
{
    int i;
    printf(" 出局名单如下：\n");
    for(i=1; i<=number/2; i++)
    {
        Countx(interval);         // 数间隔数 interval
        Dispx();                  // 输出出局者名字
        Clsx();                   // 删除出局者结点
        if (i % 5 == 0) printf("\n");
    }
    printf("\n");
}
/***************************
 * Find1 函数              *
 * 功能：输出生还者名单    *
 ***************************/
void Find2()
{
    int i,num;
    num=number-number/2;          // 生还者数量
    printf(" 生还者名单如下：\n");
    for(i=1;i<=num;i++)
    {
        pTmp=pCurrent;
        pCurrent=pTmp->next;
        Dispx();                  // 输出生还者名单
        if (i % 5 == 0) printf("\n");
    }
    printf("\n");
}
```

3. 源文件 main.c

```c
#include "Ring.h"

// 主函数
int main( )
{
    Initial();                // 取得参加游戏的人数 number 和间隔数 interval
    SetRing (number);         // 根据参加游戏的人数 number 建立循环链表
    Find();                   // 求解
```

        return 0;
}

4. 组成工程

图 9-2 给出它的组成图。

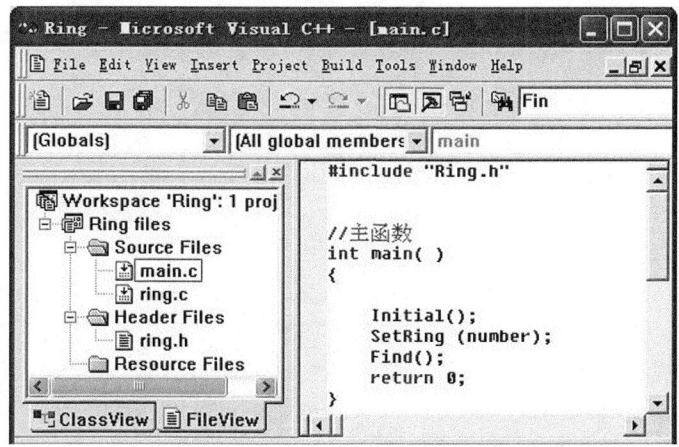

图 9-2　工程文件组成图

5. 运行实例

输入参加游戏的人数：6
输入间隔数：2
输入第 1 个人的名字：李一明
输入第 2 个人的名字：王小二
输入第 3 个人的名字：张　三
输入第 4 个人的名字：李　四
输入第 5 个人的名字：王老五
输入第 6 个人的名字：Hob
出局名单如下：
王小二　李　四　Hob
生还者如下：
张　三　李一明　王老五

输入参加游戏的人数：5
输入间隔数：2
输入第 1 个人的名字：李一明
输入第 2 个人的名字：王小二
输入第 3 个人的名字：张　三
输入第 4 个人的名字：李　四
输入第 5 个人的名字：王老五
输入第 6 个人的名字：Hob
出局名单如下：
王小二　李　四
生还者如下：
张　三　李一明　王老五
输入参加游戏的人数：30
输入间隔数：9
第 1 个人的名字：1
第 2 个人的名字：2
……　// 省去中间过程，主要是验证后面的约瑟夫环程序

第 29 个人的名字:29
第 30 个人的名字:30

出局名单如下:
9 18 27 6 16
26 7 19 30 12
24 8 22 5 23

生还者如下:
21 25 28 29 1
2 3 4 10 11
13 14 15 17 20

9.5 评价标准

  这个课程设计的目的是熟悉循环链表的使用方法。注意研读各个程序的实现方法,可以在这个程序的基础上做些变化,通过变化的效果加深对这些知识的理解。

  只有在完成本设计的基础上,又进行必要的测试,才可获得 85 分以上的成绩。如果能进一步修改程序以获得更好的结果,则可以考虑给予加分。对增加功能者,可以给予高分。

  如果程序不正确,或错误较多,则不予及格。

  还可以练习先将这些结果写入文件,然后再读出来。也可以使用单独的头文件和源文件,甚至使用菜单选择不同算法。完成这些功能者,可以获得 90 分以上的成绩。

第 10 章 使用状态机设计程序

虽然状态机的设计比较复杂，但使用状态机的设计逐渐受到重视，所以本课程设计将它作为基础知识，给出一些简单的设计实例，以便普及状态机的知识。

10.1 使用状态机的简单例子

【例 10.1】使用状态机设计一个统计输入单词的程序。

最简答的是使用两个状态来描述程序中的变化，根据状态的转换设计相应的程序。假设用字符 "#" 表示结束单词的输入。

先分析最简单的情况：只输入 1 行文字，遇到 "#" 结束。程序使用两种状态来描述，即 IN 和 OUT。

```
int count = 0,  state = OUT;    //count 单词计数，初始化 state=OUT
char c;
while((c = getchar()) != '#')
{
    if(c==' ')
        state=OUT;
    else if(state == OUT)
    {
        state=IN;
        ++count;
    }
}
```

下面使用状态和状态转换来分析。

（1）初始 state=OUT。

（2）当读入空格时，相当于先输入空格，if 条件满足，重新执行 state=OUT 并结束这一次的循环，开始下一次循环。如果继续是空格，则继续这个过程。

（3）由此可见，当处于 OUT 时，如果读入的是空格，状态不发生转换。一直到读到非空格时，执行 else if 语句，置 state=IN，计数器加 1。

（4）当读入处于 IN 状态时，若读到非空格，if 和 else if 的条件均不成立，状态不转换；若读到空格，if 成立，置 state=OUT，即读完一个单词。

（5）重复上述过程。

（6）当需要输入多行时，应该将换行与空格等同看待。换行符是 '\n'。同理，也要考虑制表符，所以 if 语句要增加这两个条件。即

```
if(c==' ' || c == '\t' || c == '\n')
```

由此可以写出如下完整程序。

```
#include <stdio.h>
enum { OUT=0, IN=1 };
```

```
int main()
{
    int count = 0, state = OUT;
    char c;
    while((c = getchar()) != '#')
    {
        if(c==' ' || c == '\t' || c == '\n')
            state=OUT;
        else if(state == OUT)
        {
            state=IN;
            ++count;
        }
    }
    printf("word count:%d\n", count);
    return 0;
}
```

程序示范运行如下:

```
We are here!
Go home!
Right!#
word count:6
```

这个例子只是利用 0 和 1 两个状态作为判断条件。其实,设计状态机是为了和另外的事件相配合。例如,另外一个信号也是 0 和 1 状态,则这两个信号就可以组合成 00、01、10、11 共四个状态,利用这四种状态分别实现相应的程序。

【例 10.2】使用输入状态统计输入单词的程序。

本题与上面的例子目的相同,都是统计输入文本的单词数。上题仅仅使用一个状态变量的两种取值情况进行编程,而本题使用两个状态的组合,即根据四种情况进行编程。

本题设计一个函数 get_input,用来将输入转换为 OUT 和 IN,供输入状态 input 使用。一个状态量的取值有两种,但两个状态量的变化共有四种。程序在处理时,注意不要漏掉任何一种情况。

假设输入一串文字"How are you? Fine!",分析其状态变化规律。为了便于对照,改用 0 和 1 表示两种状态值。对 input 而言,约定输入字符为 1,输入非字符为 0。state 也使用相同约定。两者的初始状态均为 0。

因为字母大小不一,为了使上下两排对齐,便于理解,所以用表 10-1 来表示它们的关系,状态表中把 state 放在前面。

起始:input=0,state=0。如果开始时使用空格,也与此一样,状态都不发生变化。即

```
if((state==OUT)&&(input==OUT))    state=OUT;
```

当前状态表 00 (OUT, OUT)

表 10-1 输入与 input 和 state 的对应关系

名称	内容																		
输入	H	o	w		a	r	e		y	o	u	?		F	i	n	e	!
input	0	1	1	1	0	1	1	1	0	1	1	1	0	0	1	1	1	1	0
state	0	1	1	1	0	1	1	1	0	1	1	1	0	0	1	1	1	1	0

输入：输入有效字符 input=1，state 变为 1，单词计数。即

```
else if((state==OUT)&&(input==IN))
{
    state=IN;
    words++;
}
```

状态变换对应：0 1（OUT IN）
转换后状态 1 1（IN, IN）

输入结束：input=0 时表示结束，置 state=0。即

```
else if((state==IN)&&(input==OUT))    state=OUT;
```

状态变换对应：1 0（IN OUT）
转换后状态 0 0（OUT, OUT）

继续输入：保持 input 和 state 都为 1。即

```
if((state==IN)&&(input==IN))    state=IN;
```

由以上分析就可以写出处理所有可能的状态转换的程序。

```c
#include <stdio.h>
enum { OUT=0, IN=1 };
// 根据输入类型，字符返回1，其他为0
//get_input 函数决定 input 状态 0 还是 1
int get_input(char c)
{
    if ( c>= 'a' && c <= 'z')
        return IN;
    if ( c>= 'A' && c <= 'Z')
        return IN;

    return OUT;
}

int main()
{
    int words=0, state=OUT, input=OUT;
    char c;
    while((c = getchar()) != '#')
    {
        input=get_input(c);
        // 起始状态为0，无输入，保持 state=0
        if((state==OUT)&&(input==OUT))
        {
            state=OUT;
        }
        //state=0, input=1, 置 state=1 并计数
        else if((state==OUT)&&(input==IN))
        {
            state=IN;
            words++;
            //input=1, state 从 0 变到 1, 单词起点
        }
        //state=1, 等待 input=0, 置 state=0, 一个单词结束
```

```
            else if((state==IN)&&(input==OUT))
            {
                state=OUT;
            }
            //state=1, input=1, 置 state=1, 继续输入
            if((state==IN)&&(input==IN))
            {
                state=IN;
            }
        }
        printf("word count:%d\n", words);
        return 0;
    }
```

验证如下:

```
we are here!
Go home!#
word count:5
```

利用两个状态建立状态转移的方法很有用处。上面两个例子都是直接利用状态转换编程。其实，可以根据这个转换条件实现其他功能，下面就是一个典型的例子。

【例 10.3】演示使用状态机对数组 buf 里的每个单词的字母计数并输出单词的程序。

因为要输出单词，所以要使用计数器记录单词有多少字符以便打印，还需要设计一个字符指针以便跟踪字符串。为了简单，直接使用 0 和 1 表示状态。根据字符串的内容，可以用这个字符串画出 input 和 state 的关系，根据这些关系（注意，打印是在一个单词结束之后，所以是选寻找打印的位置），然后计数，单词结束后再打印，所以 p 只是列出对应的打印操作，用 + 表示每个单词字符的计数。

因为句子很长，所以不用一个表格写一个字母，而是将单词和与它相连的非字母字符放在一个表格里，例如 "you?" 就放在一个表格里。这样，1 和 0 就与这些字母对齐，看起来就清楚多了。表 10-2 就是它们的对应关系。

表 10-2 buf 的内容和其他状态的对应关系（一）

名称	内容										
buf		How		are		you?		Fine!		thank		you.
input	0	111	0	111	0	1110	0	11110	0	11111	0	1110
state	0	111	0	111	0	1110	0	11110	0	11111	0	1110
打印		ppp		ppp		ppp		pppp		ppppp		ppp
计数		+++		+++		+++		++++		+++++		+++

因为与其他情况一样，所以只分析一下打印。打印 H, state 从 0 到 1, input=1 时，将 buf 的地址赋给指针 p(p=&buf[i])。为了方便打印，将单词计数放在单词的结束，这时就可以打印遍历过的字符。即 state=1, input 变为 0, 将 state 置 0 后，打印单词。

单词的计数是在继续输入时进行的，即 state=1, input=1, input 继续为 1。

有两个变量和四种状态，为了进一步理解它们的操作，加入一些打印信息。完成的程序和运行结果如下所示（注意，标点符号不属于单词）。

```c
#include <stdio.h>
int get_input(char);

int main()
{
    char buf[]="How are you? Fine! thank you.";
    int input=0, i=0, state=0, words=0;
    char c;
    char *p=NULL;                        // 打印起点
    int counter=0;                       // 单词计数
    while(1)
    {
        c=buf[i];
        input=get_input(c);
        printf("c=%c,input=%d ",c,input);
        if(c=='\0')
            break;

        if((state==0)&&(input==0))
        {
            state=0;
        }
        //state=0, input=1, 置 state=1 并打印
        else if((state==0)&&(input==1))
        {
            state=1;
            p=&buf[i];                   //input=1, state 从 0 变到 1, 单词起点
        }
        //state=1, 等待 input=0, 置 state=0, 一个单词结束
        // 输出这个单词并置计数器为 0
        else if((state==1)&&(input==0))
        {
            int j=0;
            state=0;
            words++;
            printf(" 找到第 %d 个单词 :",words);
            for(j=0;j<counter;j++)       // 打印单词
                printf("%c",p[j]);

            printf("\n");
            counter=0;                   // 单词计数器计数置 0
        }
        //state=1, input=1, 置 state=1
        // 单词计数器计数
        if((state==1)&&(input==1))
        {
            state=1;
            counter++;                   // 单词计数器计数
            printf("counter=%d\n",counter);
        }
        i++;                             // 循环变量加 1 后返回起点
    }
    // 循环结束
    printf(" 一共找到 %d 个单词。\n",words);

    return 0;
```

```
    }

    // 字符返回 1，其他为 0
    int get_input(char c)
    {
        if ( c>= 'a' && c <= 'z')
                return 1;
        if ( c>= 'A' && c <= 'Z')
                return 1;

        return 0;
    }
c=H,input=1 counter=1
c=o,input=1 counter=2
c=w,input=1 counter=3
c= ,input=0 找到第 1 个单词 :How
c=a,input=1 counter=1
c=r,input=1 counter=2
c=e,input=1 counter=3
c= ,input=0 找到第 2 个单词 :are
c=y,input=1 counter=1
c=o,input=1 counter=2
c=u,input=1 counter=3
c=?,input=0 找到第 3 个单词 :you
c= ,input=0 c=F,input=1 counter=1
c=i,input=1 counter=2
c=n,input=1 counter=3
c=e,input=1 counter=4
c=!,input=0 找到第 4 个单词 :Fine
c= ,input=0 c=t,input=1 counter=1
c=h,input=1 counter=2
c=a,input=1 counter=3
c=n,input=1 counter=4
c=k,input=1 counter=5
c= ,input=0 找到第 5 个单词 :thank
c=y,input=1 counter=1
c=o,input=1 counter=2
c=u,input=1 counter=3
c=.,input=0 找到第 6 个单词 :you
```

这个程序的 state 和 input 的状态都是两个，用上面的程序也能去掉空格，但是不能输出标点符号。为了解决这个问题，可以使 state 和 input 的状态数目不一样。

【例 10.4】为 state 增加一个状态的例子。

本程序使用状态机去除多余的空格，为此为 state 设计 0、1、2 共三种状态。

第一个空格是重要的，状态要发生改变。这里把 input 空格定义为 1，其他应为 0。

对 state 而言，关心的是空格，所以字符对应 0。第一个空格为 1，第二个空格就必须与之区分，定义为 2。同理，第三个空格也应为 2。对字符不关心，遇到字符（包括标点符号）回到 0 状态，只要不是状态 2，就都打印出来。

buf 里的字符含有多个空格。How 前面有三个空格，后面有一个空格。are 与 you 之间有三个空格，F 之前也是三个空格，thank 前面有两个空格，后面有一个空格。字符串以 \n 结束。如果用 @ 代表空格，则其内容具有如下形式：

buf 的内容：@@@How@are@@@you?@@@Fine!@@thank@you.\n
用 p 表示将对应的字符打印出来，则相应的关系可以用表 10-3 表示出来。

表 10-3 buf 的内容和其他状态的对应关系（二）

名称	内容																		
buf	"			How		are				you?				Fine!			thank		you.\n
input		1	1	000	1	000	1	1	1	0000	1	1	1	00000	1	1	00000	1	00000
state	0	1	2	000	1	000	1	2	2	0000	1	2	2	00000	1	2	00000	1	00000
p		p		ppp	p	ppp	p			pppp	p			ppppp	p		ppppp	p	ppppp

对照上述状态，可以列出一个状态跳转表。

0 0-->0　0 1-->1　1 0-->0　1 1-->2　2 0-->0　2 1-->2

根据这 6 个状态跳转表，编写出如下程序。

```c
#include <stdio.h>
int get_input(char);

int main()
{
    char buf[]="How are     you? Fine! thank you.";
    int input=0, i=0, state=0;
    char c;
    char *p=NULL;           // 打印起点
    int counter=0;          // 单词计数
    while(1)
    {
        c=buf[i];
        input=get_input(c);
        if(c=='\0') break;

        if((state==0)&&(input==0))
        {
            state=0;
            printf("%c",c);
        }
        else if((state==0)&&(input==1))
        {
            state=1;
            printf("%c",c);
        }
        else if((state==1)&&(input==0))
        {
            state=0;
            printf("%c",c);
        }
        else if((state==1)&&(input==1))
        {
            state=2;
            //nothing
```

```
        }
        else if((state==2)&&(input==0))
        {
            state=0;
            printf("%c",c);
        }
        if((state==2)&&(input==1))
        {
            state=2;
            //no out;
        }

        i++;
    }
    printf("\n");
    return 0;
}

int get_input(char c)
{
    if ( c== ' ')
            return 1;

    return 0;
}
```

程序运行结果如下:

How are you? Fine! thank you.

将程序修改一下,即可用于去除文件中的多余空格。

10.2 课程设计

本课程设计是在 10.1 节例 10.4 的基础上设计的,难度不大,主要是为了进一步练习多个状态的编程方法。

1. 设计内容

使用状态机将字符数组 buf 中字符串中的多余空格去除并将结果存入数组 test 中,然后再输出 test 中的内容验证是否符合要求。

2. 设计思想

在例 10.4 中给出了使用状态机去除多余空格的程序。这里不是在去除空格的过程中打印,而是在存入字符数组的过程中去除。打印是输出到屏幕,只要不输出多余的空格即可。但输出到字符数组则需要保证它的下标在输入多余空格时保持不变。

第一个空格是重要的,状态要发生改变。这里把 input 空格定义为 1,其他应为 0。

对 state 而言,关心的是空格,所以字符对应 0。第一个空格为 1,第二个空格就必须与之区分,定义为 2。同理,第三个空格也应为 2。对字符不关心,遇到字符(包括标点符号)回到 0 状态,只要不是状态 2,就都打印出来。

用 j 表示下标,用 1 表示下标变化,0 表示不变,其对应关系如表 10-4 所示。

表 10-4　buf 的内容和其他状态的对应关系（三）

名称	内容															
buf	"		How		are			you?			Fine!			thank		you.\n
input		1	1	000	1	000	1	1	0000	1	1	00000	1	1	00000	1	00000
state	0	1	2	000	1	000	1	2	2	0000	1	2	2	00000	1	2	00000	1	00000
p		p		ppp	p	ppp	p		pppp	p		ppppp	p		ppppp	p	ppppp
j	0	1	0	111	1	111	1	0	0	1111	1	0	0	11111	1	0	11111	1	11111

根据对应关系，列出如下的状态跳转表。

0 0-->0 0 1-->1 1 0-->0 1 1-->2 2 0-->0 2 1-->2

对照上述状态，可以看出，在原来程序使用

```
printf("%c",c);
```

输出的地方，换为语句

```
test[j]=c;
```

即可。而在 state=2，input=1 并维持 state=2 的情况下（即 2 1-->2）做 j-- 运算，以抵消本轮循环后的 j++ 运算，维持 j 不变。

3. 参考程序

下面是在该例程序中修改后的程序和运行结果，为了容易理解，仅仅将原来的 printf 语句注释掉而不是删除。程序中将 j 和 j-1 打印出来以加深对 test 的下标处理方法的理解。

```c
#include <stdio.h>
int get_input(char);

int main()
{
    char buf[] = "How are    you?    Fine! thank you.";
    char test[64];          //存入去掉空格后的单词
    int input = 0, i = 0, state = 0;
    char c;
    int j=0;                //test 数组下标计数器
    while(1)
    {
        c=buf[i];
        input=get_input(c);
        if(c=='\0')
            break;

        if((state==0)&&(input==0))
        {
            state=0;
//          printf("%c",c);
            test[j]=c;
        }
        else if((state==0)&&(input==1))
        {
            state=1;
//          printf("%c",c);
            test[j]=c;
```

```
            }
            else if((state==1)&&(input==0))
            {
                state=0;
    //          printf("%c",c);
                test[j]=c;

            }
            else if((state==1)&&(input==1))
            {
                state=2;
                //nothing
            }
            else if((state==2)&&(input==0))
            {
                state=0;
    //          printf("%c",c);
                test[j]=c;
            }
            if((state==2)&&(input==1))
            {
                state=2;
                //no out;
                printf("%d ",j);              // 无效的 j
                j--;                          // 数组不能继续计数，保持原来的下标
                printf("%d ",j);              // 返回原来的下标 j
            }

            i++;
            j++;
        }
        test[j]='\0';
        // 将数组置结束符后输出
        printf("%s\n",test);

        return 0;
    }

    int get_input(char c)
    {
        if ( c== ' ')
            return 1;
        return 0;

    }
```

程序运行结果如下：

1 0 9 8 9 8 9 8 14 13 14 13 14 13 20 19
How are you? Fine! thank you.

10.3 评分标准

本课程设计引入新的知识点，所以评分标准可以相对宽松。全部做对，可给 78 ～ 92 分。如果文件错误较多或功能不正确，则判为不及格。如果有一个小错误，则低于 85 分。

第 11 章 程序优化及一题多解

本课程设计重在掌握程序优化技术。另外，本章虽然介绍一个使用位运算的优化实例，但并不要求作为必选设计题，可以将它作为例题解答，供学生开拓视野。

11.1 程序优化

一旦对程序进行了优化，就要重新测试程序，以便因优化考虑不周带来新的问题。当然，有些局部优化也可能影响全局的效果。总之，不能认为只是局部优化就无须测试验证。

11.1.1 设计题目和基本程序

1. 设计题目

将 1～100 内的所有素数存入数组，然后输出全部素数、最大素数和素数数量。

素数，又称"质数"，是指除 1 和其自身之外，没有其他约数的正整数。如 2，3，5，7，11，13，17，19，23，29 等。2 是最小的质数，也是唯一的偶质数。与素数对应的是"合数"，合数是除 1 和其自身之外，仍有其他约数的正整数。规定 0 既不是质数，也不是合数。数字 1 很特殊，也不称为质数。著名的高斯"唯一分解定理"是说任何一个整数都可以写成一串质数相乘的积。

2. 基本程序

根据质数的定义，可以编写出满足要求的程序。

```
// 正确程序 s111.c
#include <stdio.h>
int main()
{
    int i=0, j=-1, a[50];
    int num=100;
    for(num=1;num<=100;num++)
    {
        for(i=2;i<=num;i++)
        {
            if(num % i == 0)
                break;
        }
        if(i == num)
        {
            ++j;
            a[j] = num;
        }
    }

    for(i=1; i<=j+1 ;i++)
    {
```

```c
            printf("%2d ", a[i-1]);
            if( i % 5 == 0 ) printf("\n");
        }
        printf("\n最大素数是%d\n",a[j]);
        printf(" 有素数%d个 \n",j+1);

        return 0;
}
```

程序运行结果如下：

```
 2  3  5  7 11
13 17 19 23 29
31 37 41 43 47
53 59 61 67 71
73 79 83 89 97
最大素数是 97
有素数 25 个
```

11.1.2 减少循环优化程序

1. 注意减少循环次数带来的新问题

程序中有许多无效的运算，第 1 个循环的循环次数至少可以减少一半，显然，第 2 个循环语句的循环次数至少也可以与第 1 个循环一样减少一半，再细推敲，将该数的平方根取整作为循环次数即可。

```c
// 优化但有问题的程序 s112.c
#include <stdio.h>
#include <math.h>

int main()
{
    int i=0, j=-1, a[50];
    int num=0, temp=0;
    for(num=1; num<=100; num += 2)        // 步长为2，剔除偶数
    {
        temp=(int)sqrt(num);              // 循环限制为其平方根取整
        for(i=2; i<=temp; i++)
        {
            if(num %  i == 0)             // 排除合数
                break;
        }

        if(i == temp+1)
        {
            ++j;                          // 质数计数
            a[j] = num;                   // 将质数存入数组
        }
    }
    // 输出结果
    for(i=1; i<=j+1 ;i++)
    {
        printf("%2d ", a[i-1]);
        if( i % 5 == 0 )  printf("\n");
    }
```

```
            printf("\n 最大素数是 %d\n",a[j]);
            printf(" 有素数 %d 个 \n",j+1);

            return 0;
}
```

程序运行结果如下：

```
 1  3  5  7 11
13 17 19 23 29
31 37 41 43 47
53 59 61 67 71
73 79 83 89 97
最大素数是 97
有素数 25 个
```

如果只是求素数数量和最大素数，优化成功。但程序要求输出素数，就存在错误了。从程序输出结果来看，少了素数 2，多了数字 1。

由此可见，在优化时，正确的做法是每修改一处都要立即进行验证。一定不要怕麻烦，就像排错一样，每改一处都必须从头测试。

2. 排除错误

现在是多次优化的结果，产生错误的地方就应从头开始验证了。

程序从引入 temp 变量入手，可以先修改第 1 个循环的步长，然后使用 temp 变量。

```c
// 排除第 1 次优化带来的问题，又产生新问题 s113.c
#include <stdio.h>
#include <math.h>

int main()
{
    int i=0, j=-1, a[50];
    int num=0, temp=0;
    for(num=1; num<=100; num += 2)
    {
        temp=num-1;
        for(i=2;i<=temp;i++)
        {
            if(num % i == 0)
                break;
        }

        if(i == temp+1)
        {
            ++j;
            a[j] = num;
        }
    }
    for(i=1; i<=j+1 ;i++)
    {
        printf("%2d ", a[i-1]);
        if( i % 5 == 0 )  printf("\n");
    }
    printf("\n 最大素数是 %d\n",a[j]);
```

```
        printf(" 有素数 %d 个 \n",j+1);

        return 0;
}
 3  5  7 11 13
17 19 23 29 31
37 41 43 47 53
59 61 67 71 73
79 83 89 97
最大素数是 97
有素数 24 个
```

从输出结果可知,少了一个素数 2。而上一个程序是少了素数 2,多了数字 1。由此可推知多的数字 1 是由取平方根引起的。分析得出,num 为 1 和 2 时,temp 均为 1,由此造成多了个 1。针对这两个问题采取相应对策即可。

3. 排错后的正确程序

```c
// 正确优化的程序 s114.c
#include <stdio.h>
#include <math.h>

int main()
{
    int i=0, j=0, a[50];
    int num=100,temp=0;
    a[0]=2;                           // 找回 2
    for(num=1;num<=100; num += 2)
    {
        temp=(int)sqrt(num);
        for(i=2;i<=temp;i++)
        {
            if(num % i == 0)
                break;
        }
        if(i == temp+1)
        {
            if( num != 1 )            // 排除 1
            {
                ++j;
                a[j] = num;
            }
        }
    }
    for(i=1;  i<=j+1 ;i++)
    {
        printf("%2d ", a[i-1]);
        if( i % 5 == 0 ) printf("\n");
    }
    printf("\n 最大素数是 %d\n",a[j]);
    printf(" 有素数 %d 个 \n",j+1);

    return 0;
}
```

11.1.3 减少调用次数优化程序

上面算法每次都要调用 sqrt 函数，花费时间较多。下面的优化减少了调用次数，改善了程序性能。因为增加了 prime 函数，也更加结构化。

```c
// 减少开平方次数的算法 s115.c
#include <stdio.h>
#include <math.h>
int prime(int num);

int main()
{
        int i=0,  j=0,   a[50];
        int num=100;
        for(num=1; num<=100; num = num+2)
        {
            if (num == 1)
            {
                a[j]=2;
                j++;
                continue;
            }

            if ( prime(num) )
            {
                a[j] = num;
                ++j;
            }
        }

        for(i=1; i<j+1 ;i++)
        {
              printf("%2d ", a[i-1]);
              if( i % 5 == 0 ) printf("\n");
        }
        printf("\n 最大素数是 %d\n",a[j-1]);
        printf(" 有素数 %d 个 \n",j);

        return 0;
}

int prime(int num)
{
      int temp=0, i=0;

     if(num % 2 == 0)                    // 多余，见下节
         return ( num == 2);
     if(num % 3 == 0)
         return ( num == 3);
     if(num % 5 == 0)
         return ( num == 5);
     temp = (int)sqrt(num);
     for(i=7; i<=temp; i=i+2)
          if(num % i == 0)
                 return 0;
```

```
        return 1;
}
```

如果把数组改为 a[200]，num=1000，则得到最大素数是 997，有素数 168 个。第 1 个素数是 2，输出结果全部正确。

11.1.4 提高计算速度优化程序

如果使用乘法代替开平方，速度会更快。下面是求 1 ~ 1000 的质数的程序。

```
// 使用乘法的算法 s116.c
#include <stdio.h>
#include <math.h>
int prime(int num);

int main( )
{
    int i=0, j=0, a[200];
    int num=100;
    for(num=1;  num<=1000;  num = num+2)
    {
        if ( num == 1 )
        {
            a[j]=2;
            j++;
            continue;
        }

        if ( prime(num) )
        {
            a[j] = num;
            ++j;
        }
    }

    for(i=1; i<j+1 ;i++)
    {
        printf("%2d ", a[i-1]);
        if( i % 5 == 0 ) printf("\n");
    }
    printf("\n 最大素数是 %d\n",a[j-1]);
    printf(" 有素数 %d 个 \n",j);

    return 0;
}

int prime(int num)
{
    int temp = 0,   i = 0;

    if(num % 2 == 0)                          // 多余
        return ( num == 2);                   // 多余
    if(num % 3 == 0)
        return ( num == 3);
    if(num % 5 == 0)
        return ( num == 5);
```

```
        for(i=7; i*i<=num; i=i+2)
            if(num % i == 0)
                return 0;
    return 1;
}
```

由此可见，不同算法的效率大不一样，优化时一定要仔细考虑，选取效率高的算法。这也是为什么总是建议先编写一个正确求解程序，在编写过程中不要急于优化，而把注意力集中在正确求解，把优化放在后面。如上所示，后面两种算法将判定质数的算法过程提取出来作为一个函数，在函数里集中解决算法效率。

优化时出现漏解和多解也是正常的事情，关键是分析如何补救。其实，上面的程序还有多余的语句。

```
if(num % 2 == 0)
    return ( num == 2);
```

的目的是使 num=2 时，不会被丢掉（2 是质数）。其实在主程序里，循环取值是奇数，而且已经补上 a[0]=2，所以这个判别是无效的，可以删除。

11.2 应用位运算一题多解

这里以设计统计一个数的二进制中包含 1 的个数的程序为例，说明对二进制使用比较和加法编程的方法。

11.2.1 使用比较的方法

【例 11.1】统计一个数的二进制表示哪位是 1 及包含 1 的个数。

【解】设这个数为 num，先分析一个具体数字。假设 num=100，表示成十六进制是 0x64，用二进制表示为：

0110 0100

将它跟 1 进行 & 操作，1 的二进制为 01，用 ret 表示运算结果。即

ret = um & 1;

则 ret 的结果就是最后一位（bit 0），判断 ret 是否为 1，就是判断最后一位是否为 1。同理，2 的二进制是 10，通过语句

ret = um & 2;

就能判别倒数第 2 位（bit 1），以此类推，0100 应为 4，即

ret = um & 4;

用来判断倒数第 3 位（bit 2）。这都是对 1 进行左移，即 2 的幂的关系。一个整型数是 32 位，使用循环语句从 0 循环到 31 即可以实现要求。下面给出参考程序及运行示范。

```
// 参考程序 s117.c
#include <stdio.h>
int main()
{
    int i=0,num=0,sum=0;
```

```
            printf("Input a num:");
            scanf("%d",&num);
            for(i=0;i<32;i++)
            {
                if(num&(1<<i)){
                    printf ( "bit %d is 1.\n", i );
                    sum++;
                }
            }
            printf ( "num %d(%#x) has %d bit is 1.\n", num,num,sum );
            return 0;
}
Input a num:15
bit 0 is 1.
bit 1 is 1.
bit 2 is 1.
bit 3 is 1.
num 15(0xf) has 4 bit is 1.
Input a num:255
bit 0 is 1.
bit 1 is 1.
bit 2 is 1.
bit 3 is 1.
bit 4 is 1.
bit 5 is 1.
bit 6 is 1.
bit 7 is 1.
num 255(0xff) has 8 bit is 1.
Input a num:100
bit 2 is 1.
bit 5 is 1.
bit 6 is 1.
num 100(0x64) has 3 bit is 1.
```

【例 11.2】统计一个数的二进制表示中 1 的个数。

【解】在很多情况下，只需要知道二进制表示中有几个 1 即可。上例中的循环要经历 32 次，效率很低，但好处是可以知道哪一位为 1。现在既然不要求这一点，则可以采用更高效率的方法求解。

假设有数 n，假设它最右边的 i 位是 1，则 $n-1$ 的第 i 位就是 0，两者进行与（&）操作，正好第 i 位的 1 被清除。例如 0xa 的二进制是 1010，第 bit 1 位是 1，0xa-1 = 0x9，即 1001，两者相与，(0x0a)&(0x0a-1) = 0x80(1000)。则清除了 0xa 第 bit 1 位的 1。

再用 0x80&0x7，就把 bit 3 的 1 清 0，而且 0x80&0x7 = 0，即 0xa 有两位为 1。

结论：一个数 n 与比它少 1 的数 $n-1$ 进行与操作 $n\&(n-1)$，就能清除数 n 最右边的 1。

验证：0x6c&(0x6a)=0x68

```
      0110  1100
  &   0110  1011
  =   0110  1000
```

因为每次只清除最右边的 1 而保留该位左边的所有 1，将 $n\&(n-1)$ 作为新的 n，继续做下去，依次为 0x60、0x40、0，执行 4 次，统计出 0x6c（十进制 108）有 4 个位是 1。

设 sum 为 1 的个数计数器，num = num & (num-1) 循环到 num = 0 为止，就求出 1 的

个数。

```
    sum=0;              //1 的个数，循环到为 0，次数就是 1 的个数
    while(num!=0)
    {
        num=num&(num-1);
        sum++
    }
```

对于十进制数 256，它只要 1 个循环，效率很高，而 for 循环都是执行 32 次循环。这种算法最好的情况是没有 1（不循环），最坏的情况是全部是 1（要循环 32 次）。

因为程序最后要用到 num，所以使用它的副本 temp，参考程序中输出每次相与之后的结果，以便看出执行过程并加深理解。下面给出程序及运行示范。

```
// 参考程序 s118.c
#include <stdio.h>
int main()
{
    int num=0, sum=0, temp;
    printf("Input a num:");
    scanf("%d", &num);
    temp=num;
    while(temp != 0)
    {
        temp=temp&(temp-1);
        printf ( "Now num = %#x \n", temp );
        sum++;
    }
    printf ( "num %d(%#x) has %d bit is 1.\n", num,num,sum );
    return 0;
}
Input a num:10
Now num = 0x8
Now num = 0
num 10(0xa) has 2 bit is 1.
Input a num:108
Now num = 0x68
Now num = 0x60
Now num = 0x40
Now num = 0
num 108(0x6c) has 4 bit is 1.
Input a num:256
Now num = 0
num 256(0x100) has 1 bit is 1.
Input a num:255
Now num = 0xfe
Now num = 0xfc
Now num = 0xf8
Now num = 0xf0
Now num = 0xe0
Now num = 0xc0
Now num = 0x80
Now num = 0
num 255(0xff) has 8 bit is 1.
Input a num:65535
```

```
Now num = 0xfffe
Now num = 0xfffc
Now num = 0xfff8
Now num = 0xfff0
Now num = 0xffe0
Now num = 0xffc0
Now num = 0xff80
Now num = 0xff00
Now num = 0xfe00
Now num = 0xfc00
Now num = 0xf800
Now num = 0xf000
Now num = 0xe000
Now num = 0xc000
Now num = 0x8000
Now num = 0
num 65535(0xffff) has 16 bit is 1.
```

11.2.2 使用加法的方法

【例 11.3】编写统计一个数的二进制表示中包含 1 的个数的程序。

前面两种方法都是作比较，效率较低，现在改用加法运算。编写时一般先保证结果正确，在正确的前提下再求优化，不要优化过早，以免误入歧途。

现在先以 0xff 为例，构造一个数 0x55，0x55 的特点是 01 相隔。把两者进行与运算。在结果一行中的注释符号里把它们用序号编号并记为第 1 次 & 结果。

```
  1111 1111
& 0101 0101
  0101 0101            //（1）第 1 次 &0x55 的结果
```

"0xff & 0x55 = 0x55"。结果里的 1 的含义是如果 0xff 的偶数位有 1，则这 2 位里的数字就是 1（01），由此可知结果代表有 4 个 1。

将 0xff 右移 "0xff>>1"，还是 0xff，再与 0x55 进行 & 运算。

```
  1111 1111 >>1        //0xff 右移，0xff>>1
& 0111 1111            // 再 &0x55 第 1 次与
  0101 0101            //（2）第 2 次 &0x55 的结果
```

这相当于把奇数位的 1 保留，也是 4 个 1。

将两次二进制数相加，即

```
  0101 0101            //（1）
+ 0101 0101            //（2）
  1010 1010            //（3）第 1 轮结果
```

二进制两两相加时，不要把它看作一个数，而是表示两位代表 1 的个数相加。即原来两位表示 1 的个数（二进制）相加，现在的两位就是代表具有几个 1（只能是 0 或 1、2）。上面的结果表明每两位都是 2，下面就是要考虑如何将 4 个 2 相加，使其结果代表总共具有的 1 的位数是 8 位。

现在的运算结果的十六进制表示是 0xaa，下面进行第二轮操作。这次操作使用 0x33，用它与（3）进行 & 操作。

```
    0011 0011              // 构造一个数 0x33
&   1010 1010              //&（3）
    0010 0010              //（4）第 1 次 &0x33 的结果
```
与第 1 轮一样，要将（3）的结果移位后再 &0x33，但这次是移两位。
```
    0010 1010              // 将（3）的结果 0xaa>>2
&   00110011               //0x33
    0010 0010              //（5）第 2 次 &0x33 的结果
```
进行（4）+（5）运算。
```
    0010 0010              //（4）
+   0010 0010              //（5）
    0100 0100              //（6）
```
经过两轮得到 0x44，第 3 轮要计算 4 + 4 = 8。再构造 0xf（0000 1111）。与前两轮的方法一样，继续做下去。用 0x44，选择 0xf 进行第 3 轮如下：
```
    0000 1111              // 构造一个数 0xf
&   0100 0100              //（6）
    0000 0100              //（7）第 1 次 &0xf 的结果


    00000100               // 将（6）>>4
&   00001111               //0xf
    0000 0100              //（8）第 2 次 &0xf 的结果
+   0000 0100              //（7）
    0000 1000              //（8）+（7）= 8
```
由此得出 8 位的编程方法。固定次数 8 位用到 2 的 3 次方，先定义 3 个常量。
#define M1 0x55
#define M2 0x33
#define M3 0x0f
对给定的 num，将上述 3 个步骤写成如下的公式。
(num & M1) + ((num >> 1) & M1)
(num & M2) + ((num >> 2) & M2)
(num & M3) + ((num >> 4) & M3)
根据如上公式，编写如下程序。

```c
#include <stdio.h>
#define M1 0x55
#define M2 0x33
#define M3 0x0f

int main()
{
    int number, num=0;
    printf("输入数字：");
```

```
    scanf("%d",&number);

    num=number;
    num = (num & M1) + ((num >> 1) & M1);
    printf("num=%#x\n", num);

    num = (num & M2) + ((num >> 2) & M2);
    printf("num=%#x\n", num);

    num = (num & M3) + ((num >> 4) & M3);
    printf("num=%#x\n", num);

    printf("%d 含有 %d 个 1\n", number, num);
    return 0;
}
```

使用 255 验证上述算法，第 1 次是 0xaa，第 2 次是 0x44，第 3 次是 0x8，即 8 个 1。

```
输入数字：255
num=0xaa
num=0x44
num=0x8
255 含有 8 个 1
```

32 位要定义 M4 和 M5，并构造 5 个常量。

```
//32位程序 s119.c
#include <stdio.h>
#define M1 0x55555555
#define M2 0x33333333
#define M3 0x0F0F0F0F
#define M4 0x00FF00FF
#define M5 0x0000FFFF

int main()
{
    int number, num=0;
    printf(" 输入数字： ");
    scanf("%d",&number);

    num=number;
    num = (num & M1) + ((num >> 1 ) & M1);
    num = (num & M2) + ((num >> 2 ) & M2);
    num = (num & M3) + ((num >> 4 ) & M3);
    num = (num & M4) + ((num >> 8 ) & M4);
    num = (num & M5) + ((num >> 16) & M5);

    printf("%d 含有 %d 个 1\n", number, num);
    return 0;
}
```

运行示范如下：

```
输入数字：65535
65535 含有 16 个 1
输入数字：100
100 含有 3 个 1
输入数字：0
```

0 含有 0 个 1

程序中去掉了打印每次结果的信息，不足之处是 0 也要 5 次，但也是很确定的 5 次，所以也是可以的。

11.3 评分标准

程序优化需要全部做完，但位运算可以作为参考题供学生选做。如果第一部分正确，可以给 85 ~ 90 分。如果做了第二部分，可以给予加分。

如果程序有错误，则适当扣分；如果错误较多，则不予及格。

第 12 章 综合课程设计

本章将先总结头文件、多个 C 语言文件及工程文件的编制方法，然后演示如何运用这些知识设计一个实用的小型学生成绩管理程序，培养实际应用能力。

12.1 实用结构化程序设计基础

本节重点介绍用 C 语言设计结构化实用程序时经常用到的主要技术。

12.1.1 模块化程序设计

C 语言是结构化程序语言，其程序设计特点就是函数设计。

1. 函数和模块

在错误分析的讨论中，已经不止一次地指出：把一切逻辑功能完全独立或相对独立的程序部分都设计成函数，并让每一个函数只完成一个功能，这既符合只应有一个入口和出口的结构化程序设计原则，也是避免错误的最好方法。这样，一个函数就是一个程序模块，程序的各个部分除了必要的信息交流之外，互不影响。相互隔离的程序设计方法就是模块化程序设计方法。C 语言的这种程序结构化和模块化设计方法，特别适合于大程序的开发。它解决了过去组成大系统时所产生的多文件的组织与管理问题。

2. 函数分解

对于大的程序，更要注意按照程序所完成的功能进行分解，这种功能分解主要是函数分解。对于如何合理地进行函数分解，并没有万能的准则。一个程序可能有多种可行的分解方式，很难说哪种是最佳分解。一般可以注意如下两个问题：

（1）可以从程序中重复出现的相同或者相似的计算片段中抽取出共同的东西组成函数。这样既可以缩短程序的代码，又可以提高程序的可读性和易修改性。

（2）将程序中具有逻辑独立性的片段定义为函数。哪怕只有一个地方使用，也应该定义为函数。这样既可以分解程序的复杂性，又可以提高程序的易理解性和可读性。程序设计人员还提出一条经验准则：如果一段计算可以定义为函数，就应该将其定义为函数。

3. 设计函数

其实，函数就是封装起来的一段有名字的程序代码，这种封装把函数的里面和外面分开，形成函数的内部和外部。

从外部看，关心的应是函数实现的功能，而不是函数功能的实现。程序员只需知道函数的名字和特征，遵守调用规则，提供数目和类型适当的实参并正确接收返回值，即可得到预期的计算结果。例如，虽然不知道标准库函数如何实现，但并不影响正确使用它们。

从内部看，不需要关心程序的哪里将调用这个函数以及如何提供具体的实参值，而应该关心函数调用时，外部将提供哪些数据及其类型（也就是参数表），如何利用参数进行计算（算法），函数如何结束以及函数如何产生返回值等问题。

函数的头部说明是指函数定义的第一部分，也就是将函数原型声明（带参数名）尾部的 ";" 号去掉。一般的形式如下：

函数类型说明　函数名（形式参数列表）

函数的头部说明规定了函数内部和外部之间的交流方式和通道，定义了函数内部和外部都需要遵守的共同规范，是函数定义和使用之间沟通的界面。只要描述好函数的头部，函数的定义和使用完全可以由不同的人遵守共同的规范去做。

因为不允许在函数内部再定义函数，所以函数定义是一种外部定义，而函数原型是一种外部声明。外部定义或声明总是从它的出现位置开始起作用，其作用范围一直延续到文件结束。

12.1.2　分块开发

C 语言允许加工对象不是一个完整的程序，而是多个源程序文件。在程序规模比较大时，一般是根据结构化程序设计方法将程序划分成多个源文件。在编译该程序时，可以以源文件为单位分别进行编译并产生与之对应的目标文件，然后再用链接程序把所生成的多个目标文件链接成一个可执行文件。C 语言的这种编译过程称为分块编译，这种开发方法称为分块开发。

C 语言的这种分块开发和编译处理方法使一个程序可以同时由多个人进行开发，为大型软件的集体开发提供了有力支持。分块编译的优点还在于修改一个源文件中的程序后，并不需要重新编译整个程序的所有文件，这就大大节省了时间。

分块开发中最重要的工作是程序结构的"物理"组织。虽然对于同一个程序，完全可能采用不同的物理组织结构，但都必须遵循这样一个原则：使同一个程序对象的定义点和所有使用点都能参照同一个描述。例如，让它们参照同一个头文件。

按照惯例，常把 C 程序分为后缀为 .c 和 .h 文件的两类文件。前者是包含实际程序代码的基本程序文件，后者是为基本程序文件提供必要信息的辅助性文件。

1. 头文件

编译程序库中的许多函数都要与它们自己的专门类型的数据和变量一起工作，用户的程序也必须访问这些数据和变量。这些变量和类型由编译程序提供的"头文件"所定义。在任何一个使用这些特定函数的文件中，必须嵌入涉及这些特定函数的头文件（用 #include 语句包含）。此外，对于 C 库中的所有函数，均在相应的头文件中有它们的原型定义，以便提供一个更强的类型检查手段。把程序中使用的标准函数与对应的头文件链接进来，就可以查出潜在的类型不匹配错误。例如，库函数中嵌入字符串函数的头文件 string.h，使下面的程序在编译时产生警告信息。

```
#include <string.h>
char s1[20]="hello";
char s2[ ]="there";
void main( )
{
    int p;
    p=strcat( s1, s2 );
}
```

因为在头文件中是把 strcat( ) 说明为返回一个字符型指针，而程序中定义的变量 p 是整型，所以编译程序会给出一个可能出错的标记，指出错误地把该文件参数赋给了整型变量 p。C 编译器使用的头文件有些是重复的。例如，有的编译器在 `alloc.h` 中出现的说明，又在 `stdlib.h` 中重复说明。保留冗余的头部文件是为了让早先为 ANSI 标准编写的源文件，在编译时可以不必改动。

因为明确的数据类型对检查和防止程序出错具有积极的作用，所以最好开放所有的编译程序警告信息，利用所有必要的嵌入文件来说明所用函数的参数，而不要管该函数是 C 标准库的还是一些 C 工具库的。用户在自己的嵌入文件中说明自定义的函数的参数，把嵌入文件用作程序模块之间对类型定义的唯一访问点。若编译程序指出类型冲突错误，而这些错误又确实存在，就需要仔细修改程序，直到警告信息不再出现为止。

若使用头文件来做类型定义，则由于这些定义是模块间共享的，所以能防止程序出现大的编译错误，且能及早查出某些不易察觉的错误。

强类型方式甚至能及早查出潜在的错误，尽管这些错误可能在目前情况下还没有产生不良的后果，但在将来却一定会产生不良后果。

C 语言预处理器是 C 编译程序的一部分，在编制 C 程序时，应注意使用它们来提高程序质量。

头文件的内容安排可以遵循如下原则：

（1）头文件里只写不实际生成的代码、不导致实际分配存储的描述。例如，可写函数原型声明，不写函数定义；可用 `extern` 声明外部变量，但不定义变量；可以包含标准库头文件和其他头文件的预处理命令；可以包含枚举的声明。

（2）可以包括各种公用宏定义，但尽量少用宏定义。可以包括各种公用的类型定义（如结构和枚举等），但建议把与多个程序文件有关的结构定义为类型。

（3）只用文件包含命令（`#include`）包含头文件，不用它包含程序文件。

（4）通过头文件解决在一个程序文件里定义而在另一个程序文件里使用的信息传递问题。通过这种方式保证使用和定义之间的联系，保证编译程序能进行一致性的类型检查。

2. 程序物理组织

正如函数分解一样，文件的分解也没有万能的准则，一般来说，首先划分".c"文件。可以从如下两个方面来考虑。

（1）首先初步估计程序的大小，将原文件划分为几块。随着程序开发过程的进行，再根据实际情况合理调整。

（2）根据程序实现的功能，将其划分为几块。一般将具有一定整体性的功能放在一起，建立一个程序文件。例如，与输入和输出有关的功能可以考虑放在一起，如果输入和输出都比较复杂，也可各自放在一个文件中。主函数通常单独建立一个文件，其中也可以包含少数与它关系密切的其他函数的定义，例如简单的菜单选择函数。

然后根据源程序的文件数量和功能，设计头文件。如果源文件比较复杂，完全可能需要为每个源文件设计一个头文件。对于一般情况，需要根据具体情况而定。一般可以参考如下原则决定头文件的数量和编写内容。

（1）把所有公用的类型定义，公用的结构、联合或枚举声明，公用的宏定义放在适当的头文件里，提供给各个文件参考。

（2）如果在许多地方都使用同一个标准头文件，或者某个头文件本身需要，则可以把它们写在一个自己定义的头文件里面供这些文件使用。有些头文件里还可能需要包含其他头文件，注意不要漏掉。

（3）如果只有一个文件需要某个标准头文件，则不要将它放在公共的头文件中，应让这个源程序文件直接包含它，以提高编译效率。

（4）对于所有在一个源文件里定义而在其他文件中使用的东西，都需要在某个头文件里声明（函数原型或者变量的外部声明）。

应正确设计源文件，以便与头文件配合。一般要注意如下问题。

（1）每个源文件的前面使用 #include 包含必要的头文件，不用的东西尽量不包含。

（2）如果既有标准头文件，又有自定义头文件，应将标准头文件写在前面，以防止本程序的局部定义影响库文件里的定义。

（3）在一个源程序文件中，所有局部的东西都写在各自的函数中；所有只在这个局部范围使用的外部变量和辅助函数，都使用 static 关键字定义为外部静态的。

（4）对于多个函数都需要访问的变量，应该根据谁使用谁管理的归属原则，分别定义为不同源文件里的外部变量。许多地方都使用的全局变量，一般在主程序文件里定义。

3. 避免对头文件的重复编译

因为一个程序文件可能包含多个头文件，由此可能引起同一个头文件的重复包含问题。对头文件使用预处理命令可以避免这一问题。

12.1.3　工程文件

在大型程序设计中，若人人都将一些通用、标准的程序模块源代码嵌入各自的程序中，则费时、费力而且还不安全。假如将这些通用、标准的模块代码按一定的功能和分类，存放在一个或多个程序库（文件）中，供其他程序调用，将会大大提高程序的开发效率。当然，引用其他程序时，还会产生程序的链接问题。为此，编译器提供了两种程序组织和管理的方法。一种就是前面讲过的建立工程文件的方法；另一种是建立程序库的方法。工程文件可以方便地管理具有多个文件的程序，它不仅可以包含 .c 和 .obj 文件，还可以包含库 (.lib) 文件。

12.2　设计学生成绩管理程序

本节是使用数组设计一个实用的小型学生成绩管理程序，它有查询和检索等功能，并且能够对指定文件操作，也可将多个文件组成一个文件。读者在熟悉程序设计的思想之后，可以增加其他功能。

假设这个程序的工程为 student，本节将介绍程序的功能设计要求、总体设计和函数设计。

12.2.1　功能设计要求

设计要求实现的功能较多，所以将它们分为几个部分叙述。

1. 建立文件

（1）可以使用默认文件名或指定文件名将记录存储到文件。

（2）文件保存成功返回 0，失败返回 –1。

（3）设置保存标志 savedTag 作为是否已对记录进行存储操作的信息。

(4)写同名文件将覆盖原来文件的内容。

2. 增加学生记录

(1)可在已有记录后面追加新的记录。
(2)可以随时用它增加新的记录,它们仅保存在结构数组中。
(3)可以将一个文件读入,追加在已有记录之后。
(4)如果已经采取用文件追加的方式,在没有保存到文件之前,将继续保持文件追加状态,以便实现连续文件追加操作方式。
(5)如果没有记录存在,给出提示信息。

3. 显示记录

(1)如果没有记录可供显示,给出提示信息。
(2)可以随时显示内存中的记录。
(3)显示表头。

4. 文件存储

(1)可以按默认名字或指定名字存储记录文件。
(2)存储成功返回 0,否则返回 -1。
(3)更新存储标志。

5. 读取文件

(1)可以按默认名字或指定名字将记录文件读入内存。
(2)读取成功返回 0,否则返回 -1。
(3)可以将指定或默认文件追加到现有记录的尾部。
(4)可以将文件连续追加到现有记录并更新记录的名次。
(5)更新存储标志。

6. 删除记录

(1)可以按"学号"、"姓名"或"名次"方式删除记录。
(2)给出将被删除记录的信息,经确认后再删除。
(3)如果已经是空表,删除时应给出提示信息并返回主菜单。
(4)如果没有要删除的信息,输出没有找到的信息。
(5)应该更新其他记录的名次。
(6)删除操作仅限于内存,只有执行存记录时,才能覆盖原记录。
(7)更新存储标志。

7. 修改记录

(1)可以按"学号"、"姓名"或"名次"方式修改记录内容。
(2)给出将被修改记录的信息,经确认后进行修改。
(3)如果已经是空表,应给出提示信息并返回主菜单。
(4)如果没有找到需要修改的信息,输出提示信息。
(5)应该同时更新其他记录的名次。
(6)修改操作仅限于内存,只有进行存储操作时,才能覆盖原记录。
(7)更新存储标志。

8. 查询记录

（1）可以按"学号"、"姓名"或"名次"方式查询记录。

（2）能给出查询记录的信息。

（3）如果查询的信息不存在，输出提示信息。

9. 头文件

（1）使用条件编译定义头文件。

（2）函数原型声明。

（3）数据结构及包含文件。

10. 测试程序

（1）应列出测试大纲对程序进行测试。

（2）应保证测试用例测试到程序的各种边缘情况。

以上是基本要求，希望学生通过对该章设计的理解，重新考虑如何改进设计。

12.2.2　总体设计

本课程设计对模块设计的要求如下：

（1）要求使用多文件方式实现设计。

（2）要求在各个文件内实现结构化设计。

（3）每个模块作为一个单独的 C 文件，每个文件内的函数如表 12-1 所示，表中给出了各个函数的功能说明。

（4）宏和数据结构等放在头文件中，并使用条件编译。

本设计由 4 个 C 文件（14 个函数）和 1 个头文件组成，每个 C 文件都代表着某种特定的功能，它们的关系如表 12-1 所示。本章的设计将更加注重模块化，以便展示 C 语言的编程风格。

表 12-1　文件及函数组成

源　文　件	函数名或其他成分	功　　能
student.c	main	总控函数
	menu _select	菜单选择
	handle_menu	菜单处理
	quit	结束运行
add_disp.c	showTable	输出表头
	addRecord	在表尾追加信息
	display	显示信息
que_remv_modi.c	removeRecord	删除指定的记录
	findRecord	查找指定的记录
	queryInfo	查询指定学生的信息
	copyRecord	复制记录
	modifyRecord	修改指定学生的信息

(续)

源文件	函数名或其他成分	功能
save_load	`save`	文件存储
	`load`	文件读取
student.h	常数	提供常数
	结构声明	学生成绩结构
	库函数及函数原型声明	引用库函数及函数

程序包含文件的存、取过程，其功能就是按输入顺序建立记录。如果原来没有记录文件，可以重新建立一个文件；如果已经有记录，可以先把文件内容读入，然后把新记录追加到原来记录的尾部；也可以单独建立新文件，以后再使用读取文件的方法拼装。

由上述功能分析可以看到该程序的全貌。因为它有并列选择，所以可以用选择菜单方便地实现。这个菜单具有 8 个选择项，用 switch 语句可以实现这些选择。可以用简洁的伪码对它们进行描述，因为并不复杂，所以这里不再赘述。

12.2.3 函数设计

为一些函数设计两个返回值以区分其执行结果是否正确。每个学生信息资料用一个 `StuInfo` 结构来保存，用 `StuInfo` 数组全局变量 `records` 来保存一批学生的信息资料。宏定义 `INITIAL_SIZE` 表示数组初始大小，当已分配的数组大小不够用时，将增加数组大小，`INCR_SIZE` 为当每次增加的大小。全局变量 `numStus` 表示数组中记录的学生数，`arraySize` 是为数组分配的空间大小。全局变量 `savedTag` 是信息是否已保存的标志：当数组内容被保存至文件后，设为"已保存"状态；当数组内容被修改之后，设为"未保存"状态。

下面分别描述这些函数，建立它们的函数原型。

1. 文件存储操作函数

函数原型：`int saveRecords(void)`
功　　能：将记录存入默认文件 `stu_info` 或者指定文件。
参　　数：`void`。
返 回 值：成功 0，失败 –1。
工作方式：数组 `records` 被保存至指定文件。
要　　求：报告是否有记录可存、是否正常建立或打开文件、根据要求执行存入操作并报告存入记录的条数。

2. 文件读取操作函数

函数原型：`int loadRecords(void)`
功　　能：将默认文件 `stu_info` 或者指定文件里的记录读入内存。
参　　数：`void`。
返 回 值：成功 0，失败 –1。
工作方式：`records` 将为从指定文件中读取出的记录。
要　　求：报告是否有记录可存、能否能正常打开文件、是否覆盖已有记录以及读取记录的条数。

3. 显示所有学生信息的函数

函数原型：void display(void)

功　　能：显示内存里的记录信息。

参　　数：void。

返 回 值：void。

工作方式：从头部开始逐个显示记录内容。

要　　求：报告是否有记录及记录条数和内容。

4. 增加信息函数

函数原型：void addRecord(void)

功　　能：增加记录。

参　　数：void。

返 回 值：void。

工作方式：从尾部开始逐个追加记录。

要　　求：将新记录追加在记录尾部，并对记录进行计数。

5. 输出表头函数

函数原型：void showTable(void)

功　　能：输出表头信息。

参　　数：void。

返 回 值：void。

工作方式：输出一行表头信息。

要　　求：输出一行表头信息。

6. 删除记录函数

函数原型：void removeRecord(void)。

功　　能：删除内存数组中的指定记录。

参　　数：void

返 回 值：void

工作方式：根据给定的关键字，查找符合的记录并删除。

要　　求：将后面的记录前移，同时调整名次并给出相关信息。

7. 查找指定记录函数

函数原型：int findRecord(char*,int,int)

功　　能：查找指定的记录。

参　　数：char*target：欲查找记录的某一项与target相同。
　　　　　　int targetType：表明通过哪一项来查找，0为学号，1为姓名，2为名次
　　　　　　int from：从第from个记录开始找。

返 回 值：int：找到的记录的序号，若找不到则返回 −1。

工作方式：根据给定的关键字，查找符合记录的序号。

要　　求：找不到则返回 −1。

8. 查询指定学生信息的函数

函数原型：void queryInfo(void)

功　　能：将一个文件的内容追加到另一个文件的尾部。

参　　数：void。

返 回 值：void。

工作方式：可以按照学号、姓名或名次来查询。

要　　求：打印查询到的学生的信息或给出相关信息。

9. 记录复制函数

函数原型：void copyRecord(StuInfo*,StuInfo*)

功　　能：将 src 指向的一条记录复制给 dest 指向的记录。

参　　数：StuInfo* src：源记录。

　　　　　StuInfo* dest：目的记录。

返 回 值：void。

工作方式：将源记录逐条复制到目的记录。

要　　求：正确复制字符串。

10. 修改指定学生信息函数

函数原型：void modifyRecord(void)

功　　能：找到指定记录并修改。

参　　数：void。

返 回 值：void。

工作方式：可以按照学号、姓名或名次找到要修改的记录，确认后方可修改。

要　　求：同时需要调整名次。

11. 菜单处理函数

函数原型：void handle_menu(void)

功　　能：处理选择的菜单命令。

参　　数：void。

返 回 值：void。

工作方式：根据命令，调用相应函数。

要　　求：给出结束信息。

12. 菜单选择函数

函数原型：int menu_select(void)

功　　能：接收用户选择的命令代码。

参　　数：void。

返 回 值：int。

工作方式：返回命令代码的整数值。

要　　求：只允许选择规定键，如果输入不符合要求，则提醒用户重新输入。

13. 结束程序运行函数

函数原型：void quit(ADDR *)

功　　能：结束程序运行。
参　　数：`void`。
返 回 值：`void`。
工作方式：根据要求决定在退出前是否将修改的记录存入文件。
要　　求：结束运行之前，询问是否对修改的记录进行存储。

14. 主函数
函数原型：`void main(void)`
功　　能：控制程序。
参　　数：`void`。
返 回 值：`void`。
要　　求：管理菜单命令并完成初始化。

15. 头部文件
文件名称：student.h
功　　能：声明函数原型，包含文件及自定义宏和数据结构。
要　　求：报告是否能正常打开文件执行存入操作及存入记录的条数。

12.3　参考程序

因为本设计文件的注释比较详细，所以不再单独分析设计的算法思想，仅以文件为单位说明各个函数的作用和特点，在必要的地方给予一定的说明。

1. student.h 文件

使用条件编译。头文件中的语句

```
#ifndef H_STUDENT_HH
#define H_STUDENT_HH
```

也是用来防止重复包含的。这种比较怪异的形式，不如 STUDENT_H 那样比较清楚明了，目的是为了尽量避免可能出现的重复的宏定义。

在包含头文件时，对于系统库的头文件，使用尖括号"<>"的形式，表示从系统库目录查找该头文件；对于自己创建的头文件如 student.h，使用 `#include "student"` 的形式，表示除了系统库目录外，还要从工作目录去查找该头文件。

```
#ifndef H_STUDENT_HH
#define H_STUDENT_HH

#include <stdio.h>
#include <stdlib.h>
#include <conio.h>
#include <string.h>

#define INITIAL_SIZE 100            // 数组初始大小
#define INCR_SIZE 50                // 数组每次增加的大小
#define NUM_SUBJECT 5               // 科目数

struct student_info {
    char number[15];                // 学号
```

```c
    char name[20];                    // 姓名
    char gender[4];                   // 性别
    float score[NUM_SUBJECT];         // 分别为该学生5门课的成绩
    float sum;                        // 总分
    float average;                    // 平均分
};
typedef struct student_info StuInfo;

extern int numStus;                   // 记录的学生数
extern StuInfo* records;              // 记录学生信息的数组
extern char savedTag;                 // 信息是否保存的标志，0为已保存，1为未保存
extern int arraySize;                 // 数组大小
extern char* subject[];

void handle_menu(void);
int menu_select(void);
void addRecord(void);
void modifyRecord(void);
void display(void);
void queryInfo(void);
void removeRecord(void);
int saveRecords(void);
int loadRecords(void);
void quit(void);
void showTable(void);
int findRecord(char* target, int targetType, int from);
void copyRecord(StuInfo* src, StuInfo* dest);

#endif // H_STUDENT_HH
```

2. student.c 文件

```c
#include "student.h"

/*************************
 * 初始化
 *************************/

int numStus = 0;                      // 记录的学生数
StuInfo *records = NULL;              // 记录学生信息的数组
char savedTag = 0;                    // 信息是否保存的标志，1为未保存，0为已保存
int arraySize;                        // 数组大小
char* subject[] = {"语文","数学","英语","物理","化学"};

/*************************
 * 主函数
 *************************/

int main()
{
    // 初始化数组
    records = (StuInfo*)malloc(sizeof(StuInfo)*INITIAL_SIZE);
    if (records == NULL)
    {
        printf("memory fail!");
        exit(-1);
```

```c
        }
        arraySize = INITIAL_SIZE;

        printf("\n");
        printf("\t***************************\n");
        printf("\t*      这是一个           *\n");
        printf("\t*    学生成绩管理程序     *\n");
        printf("\t*  可以对学生成绩进行管理 *\n");
        printf("\t*    欢迎使用管理程序     *\n");
        printf("\t***************************\n");
        printf("\n");


        handle_menu();
}

/************************
 * 菜单处理函数
 ************************/
void handle_menu(void)
{
        for ( ; ; ) {
                switch(menu_select())
                {
                        case 1:
                                addRecord();
                                break;
                        case 2:
                                modifyRecord();
                                break;
                        case 3:
                                display();
                                break;
                        case 4:
                                queryInfo();
                                break;
                        case 5:
                                removeRecord();
                                break;
                        case 6:
                                saveRecords();
                                break;
                        case 7:
                                loadRecords();
                                break;
                        case 8:
                                quit();
                    }
            }
}

/************************
 * 菜单选择函数 menu_selected
 ************************/
int menu_select( )
{
```

```c
        char s[2];
        int cn=0;
        printf("\n");
        printf ( "\t1. 增加学生信息 \n" );
        printf ( "\t2. 修改学生信息 \n" );
        printf ( "\t3. 显示学生信息 \n" );
        printf ( "\t4. 查询学生信息 \n" );
        printf ( "\t5. 删除学生信息 \n" );
        printf ( "\t6. 保存学生信息至记录文件 \n" );
        printf ( "\t7. 从记录文件读取学生信息 \n" );
        printf ( "\t8. 结束运行 \n" );
        printf ( "\n\t 左边数字对应功能选择，请选 1-8: " );

        for(; ;)
        {
            gets(s);

            cn = atoi (s);
            if(cn<1 || cn>8 ) printf("\n\t 输入错误，重选 1-8: ");
            else break;
        }
        return cn;
}

/******************************
 * 结束运行，退出
 * 参数 void
 ******************************/

void quit(void)
{
    char str[5];
    if (savedTag == 1)
    {
        printf(" 是否保存原来的记录？ (Y/n)");
        gets(str);
        if (str[0]!='n' && str[0]!='N')
            saveRecords();
    }
    free(records);
    exit(0);
}
```

在主函数中，首先用 malloc 函数分配 INITIAL_SIZE 个 StuInfo 大小的数组给 records，对各个全局变量进行初始化赋值后，反复进行菜单处理，直至选择退出命令。

在菜单选择函数 menu_selected 中，限定输入必须在 0 ～ 9 之间才有效，否则要求重新输入。不管用户按数字键还是按字母键，语句 "gets(s)" 都能将输入作为字符串接收，然后语句 "cn=atoi(s);" 再将所接收的字符串转成数值，提供给 if 语句判别。

3. add_disp.c 文件

```c
#include "student.h"

/******************
 * 输出表头
```

```
                    *******************/
void showTable(void)
{
    int j;
    printf(" 学号 \t 姓名 \t 性别 ");
    for (j=0; j<NUM_SUBJECT; j++)
            printf("\t%s",subject[j]);
    printf("\t 总分 \t 平均分 \n");
}


/*********************
 * 显示所有的学生信息
 *********************/
void display(void)
{
    int i,j;
    if (numStus == 0)
    {
        printf(" 没有可供显示的记录! ");
        return;
    }
    showTable();
    for (i=0; i<numStus; i++)
    {
        // 打印学生信息
        printf("%s\t%s\t%s",records[i].number,records[i].name,
        records[i].gender);
        for (j=0; j<NUM_SUBJECT; j++)
            printf("\t%.1f",records[i].score[j]);
        printf("\t%.1f\t%.1f\n",records[i].sum,records[i].average);

        // 打印满 20 个记录后停下来
        if (i%19==0 && i!=0)
        {
            printf(" 输入任一字符后继续 ...\n");
            getch();
            printf("\n\n");
            showTable();
        }
    }
}


/***************************
 * 在当前表的末尾增加新的信息
 * 结果: records 中将记录新的信
 * 息，如果数组大小不够，会重
 * 新申请数组空间
 ***************************/
void addRecord(void)
{
    char str[10];
    int j;
    float mark,sum;
    if(numStus==0)
        printf(" 原来没有记录，现在建立新表 \n");
    else
```

```
            printf(" 下面在当前表的末尾增加新的信息 \n");
    while(1)
    {
            printf(" 您将要添加一组信息，确定吗？（Y/n)");
            gets(str);
            if (str[0]=='n' || str[0]=='N') // 不再添加新的信息
                    break;

            if (numStus >= arraySize) // 现在的数组空间不足，需要重新申请空间
            {
                    records = realloc(records,(arraySize+INCR_SIZE)*sizeof(StuInfo));
                    if (records == NULL)
                    {
                            printf("memory failed!");
                            exit(-1);
                    }
                    arraySize = arraySize+INCR_SIZE;
            }

            printf(" 请输入学号: ");
            gets(records[numStus].number);
            printf(" 请输入姓名: ");
            gets(records[numStus].name);
            printf(" 请输入性别（0 为女，1 为男): ");
            gets(str);
            if (str[0] == '0')
                    strcpy(records[numStus].gender," 女 ");
            else
                    strcpy(records[numStus].gender," 男 ");
            sum=0;
            for (j=0; j<NUM_SUBJECT; j++)
            {
                    printf(" 请输入 %s 成绩: ",subject[j]);
                    gets(str);
                    mark = (float)atof(str);
                    records[numStus].score[j] = mark;
                    sum += mark;
            }
            records[numStus].sum = sum;
            records[numStus].average = sum/NUM_SUBJECT;

            numStus++;
    }
    printf(" 现在一共有 %d 条信息 \n",numStus);
    savedTag = 1;
}
```

显示学生信息的 display 函数是通过循环遍历数组中第 0 ～ numStus-1 个函数，逐条显示所有学生的信息。

增加新信息函数 addRecord 用来在当前表的尾部增加新的信息，这只要将新的信息保存到 records[numStus] 中即可，然后 numStus 自加 1，完成操作。

如果在增加新信息之前，numStus 已经大于或等于 arraySize，就要使用 realloc 函数重新为 records 分配一块大小为（arraySize+INCR_SIZE）个 StuInfo 的数组的存储块，

并重新设置 arraySize。

4. sav_load.c 文件

```c
#include "student.h"

/******************************
 * 文件存储操作函数
 * 结果: 数组 records 被保存至指定文件
 * 返回: 成功 0，失败 -1
 ******************************/
int saveRecords()
{
    FILE *fp;
    char fname[30];

    if (numStus == 0)
    {
        printf("没有记录可存！ ");
        return -1;
    }

    printf("请输入要存入的文件名（直接回车选择文件 stu_info）: ");
    gets(fname);
    if (strlen(fname) == 0)
        strcpy(fname,"stu_info");

    if ((fp=fopen(fname,"wb"))==NULL)
    {
        printf("不能存入文件！\n");
        return -1;
    }

    printf("\n存文件...\n");
    fwrite(records,sizeof(StuInfo)*numStus,1,fp);
    fclose(fp);
    printf("%d 条记录已经存入文件，请继续操作。\n",numStus);
    savedTag = 0;  // 更新是否已保存的标记
    return 0;
}

/********************************
 * 文件读取操作函数
 * 结果: records 将为从指定文件中读取出的记录
 * 返回: 成功 0，失败 -1
 ********************************/
int loadRecords(void)
{
    FILE *fp;
    char fname[30];
    char str[5];

    if (numStus!=0 && savedTag==0)
    {
        printf("请选择您是要覆盖现有记录(Y)，还是要");
        printf("读取的记录添加到现有记录之后(n)？\n");
```

```c
            printf(" 直接回车则覆盖现有记录 \n");
            gets(str);

            if (str[0]=='n' || str[0]=='N')
            { // 将读取的记录添加到现有记录之后
                savedTag = 1;
            }
            else
            {
                if (savedTag == 1)
                { // 覆盖现有记录
                    printf(" 读取文件将会更改原来的记录, ");
                    printf(" 是否保存原来的记录？ (Y/n)");
                    gets(str);
                    if (str[0]!='n' && str[0]!='N')
                        saveRecords();
                }
                numStus = 0;
            }
        }

    printf(" 请输入要读取的文件名（直接回车选择文件 stu_info): ");
    gets(fname);
    if (strlen(fname) == 0)
            strcpy(fname,"stu_info");

    if ((fp=fopen(fname,"rb"))==NULL)
    {
        printf(" 打不开文件！请重新选择 \n");
        return -1;
    }

    printf("\n 取文件...\n");
    while(!feof(fp))
    {
        // 现在的数组空间不足，需要重新申请空间
        if (numStus >= arraySize)
        {
            records = realloc(records,(arraySize+INCR_SIZE)*sizeof(StuInfo));
            if (records == NULL)
            {
                printf("memory failed!");
                exit(-1);
            }
            arraySize = arraySize+INCR_SIZE;
        }

        if(fread(&records[numStus],sizeof(StuInfo),1,fp) != 1) break;
        numStus++;
    }

    fclose(fp);
    printf(" 现在共有 %d 条记录。",numStus);
    return 0;
}
```

文件存储操作函数 saveRecords 是通过 fwrite 函数一次写入从 records 开始 numStus 个 StuInfo 大小的字节。

文件读取操作函数 loadRecords 的情况比较复杂，需要根据具体情况进行相应的操作。

（1）将这个函数设计为可以连续读入文件，后面的文件可以追加到前面的记录数组之后，从而可以作为一个更大的文件存储。

（2）为了操作方便，希望在内存没有记录时，执行读取操作不要询问是否需要覆盖信息。当内存有通过增加追加的信息时，执行读取将是直接追加其后，不要询问是否覆盖。

（3）当将多个文件连续读取追加时，也不需要询问是否需要覆盖。

（4）当对信息执行存储之后，再执行读取，则询问是否需要覆盖。

（5）在进行两个文件拼接时，请在内存无记录的情况下进行，这时将对读入的第 2 个文件进行询问。

（6）如果要覆盖原来的记录，就保存原记录，然后令 numStus 为 0，否则原来的 numStus 不变。

（7）在读取文件时，使用 fread 函数，每次读取 sizeof(StuInfo) 个字节，放在 records[numStus] 里面，并令 numStus 自加 1，如此下去，直到读完文件。

（8）如果在每读入一条新信息之前，numStus 已经大于或等于 arraySize，那么就使用 realloc 函数重新为 records 分配大小为 (arraySize+INCR_SIZE) 个 StuInfo 的数组，然后重新设置 arraySize。

5. quee_remv_modi.c 文件

```c
#include "student.h"

/*************************************************************
 * 查找指定的记录
 * 参数：target：欲查找记录的某一项与 target 相同
 *       targetType：表明通过哪一项来查找，0 为学号，1 为姓名，2 为名次
 *       from：从第 from 个记录开始找
 * 返回：找到的记录的序号，若找不到则返回 -1
 *************************************************************/
int findRecord(char* target, int targetType, int from)
{
    int i;
    for (i=from; i<numStus; i++)
    {
        if ((targetType==0 && strcmp(target,records[i].number)==0) ||
            (targetType==1 && strcmp(target,records[i].name)==0))
            return i;
    }
    return -1;
}

/*****************************════
 * 查询指定学生的信息
 * 可以按照学号、姓名或名次来查询
 *****════════════════════/
void queryInfo(void)
{
    char str[5];
```

```c
    char target[20];
    int type;
    int count;
    int i,j;
    if(numStus==0)
    {
        printf(" 没有可供查询的记录 ");
        return;
    }
    while(1)
    {
        printf(" 请输入查询的方式：(直接输入回车则结束查询)\n");
        printf("1. 按学号 \n");
        printf("2. 按姓名 \n");
        gets(str);
        if (strlen(str) == 0)
                break;
        if (str[0] == '1')
        {
            printf(" 请输入欲查询的学生的学号： ");
            gets(target);
            type = 0;
        }
        else
        {
            printf(" 请输入欲查询的学生的姓名： ");
            gets(target);
            type = 1;
        }

        i = findRecord(target,type,0);
        if(i==1)
        {
            // 打印查询到的学生的信息
            showTable();
        }
        count = 0;
        while(i != -1)
        {
            count++;
            printf("%s\t%s\t%s",records[i].number,records[i].name,
            records[i].gender);
            for (j=0; j<NUM_SUBJECT; j++)
                printf("\t%.1f",records[i].score[j]);
            printf("\t%.1f\t%.1f\n",records[i].sum,records[i].average);
            i = findRecord(target,type,i+1);
        }

        if (count==0)
                printf(" 没有符合条件的学生！ \n");
        else
                printf(" 一共找到了 %d 名学生的信息 \n\n",count);
    }
}
```

```c
/************************
 * 删除指定的记录
 ************************/
void removeRecord(void)
{
    char str[5];
    char target[20];
    int type;
    int i,j;

    if(numStus==0)
    {
        printf("没有可供删除的记录");
        return;
    }

    while(1) {
        printf("请输入如何找到欲删除的记录的方式：");
        printf("（直接输入回车则结束移除操作）\n");
        printf("1. 按学号 \n");
        printf("2. 按姓名 \n");
        gets(str);
        if (strlen(str) == 0) break;

        if (str[0] == '1')
        {
            printf("请输入该学生的学号：");
            gets(target);
            type = 0;
        }
        else
        {
            printf("请输入该学生的姓名：");
            gets(target);
            type = 1;
        }

        i = findRecord(target,type,0);
        if (i==-1) printf("没有符合条件的学生！\n");

        while(i != -1)
        {
            showTable();
            printf("%s\t%s\t%s",records[i].number,records[i].name,
                records[i].gender);
            for (j=0; j<NUM_SUBJECT; j++)
                printf("\t%.1f",records[i].score[j]);
            printf("\t%.1f\t%.1f\n",records[i].sum,records[i].average);
            printf("确定要删除这个学生的信息吗？(y/N)");
            gets(str);
            if (str[0]=='y' || str[0]=='Y')
            {
                numStus--;

                // 将后面的记录前移
                for (j=i; j<numStus; j++)
```

```c
                        {
                            copyRecord(&records[j+1],&records[j]);
                        }
                    }
                    // 取下一个符合条件的记录
                    i = findRecord(target,type,i+1);
            }
        }
        savedTag = 1;
}

/*******************************
 * 将 src 指向的一条记录复制给 dest 指向的记录
 *******************************/
void copyRecord(StuInfo* src, StuInfo* dest)
{
        int j;
        strcpy(dest->number,src->number);
        strcpy(dest->name,src->name);
        strcpy(dest->gender,src->gender);
        for (j=0; j<NUM_SUBJECT; j++)
        {
                dest->score[j] = src->score[j];
        }
        dest->sum = src->sum;
        dest->average = src->average;
}

/***********************
 * 修改指定学生的信息
 ***********************/
void modifyRecord(void)
{
        char str[5];
        char target[20];
        int type;
        int i,j;
        float sum,mark;

        if(numStus==0)
        {
                printf("没有可供修改的记录");
                return;
        }

        while(1) {
                printf("请输入如何找到欲修改的记录的方式：");
                printf("（直接输入回车则结束移除操作）\n");
                printf("1. 按学号 \n");
                printf("2. 按姓名 \n");
                gets(str);
                if (strlen(str) == 0) break;

                if (str[0] == '1')
                {
```

```c
            printf("请输入该学生的学号: ");
            gets(target);
            type = 0;
        } else
        {
            printf("请输入该学生的姓名: ");
            gets(target);
            type = 1;
        }

        i = findRecord(target,type,0);
        if (i==-1) printf("没有符合条件的学生！\n");

        while(i != -1)
        {
            showTable();
            printf("%s\t%s\t%s",records[i].number,records[i].name,
            records[i].gender);
            for (j=0; j<NUM_SUBJECT; j++)
                printf("\t%.1f",records[i].score[j]);
            printf("\t%.1f\t%.1f\n",records[i].sum,records[i].average);
            printf("确定要修改这个学生的信息吗？(y/N)");
            gets(str);
            if (str[0]=='y' || str[0]=='Y')
            {
                printf("下面请重新输入该学生的信息: \n");
                printf("请输入学号: ");
                gets(records[i].number);
                printf("请输入姓名: ");
                gets(records[i].name);
                printf("请输入性别（0 为女，1 为男）: ");
                gets(str);
                if (str[0] == '0')
                    strcpy(records[i].gender,"女");
                else
                    strcpy(records[i].gender,"男");
                sum=0;
                for (j=0; j<NUM_SUBJECT; j++)
                {
                    printf("请输入 %s 成绩: ",subject[j]);
                    gets(str);
                    mark = (float)atof(str);
                    records[i].score[j] = mark;
                    sum += mark;
                }
                records[i].sum = sum;
                records[i].average = sum/NUM_SUBJECT;

            }
            // 可能有重名的学生，继续查找
            i = findRecord(target,type,i+1);
        }
    }
    savedTag = 1;
}
```

查找指定记录函数为：

`int findRecord(char* target, int targetType, int from)`

它从指定序号的记录开始，顺次查找符合条件的记录，若找到则返回记录的序号，若找不到则返回 −1。

该函数使用三个参数：第一个参数是字符串 `target`，表示欲查找记录的某一项与 `target` 相同；第二个参数是 `targetType`，表明通过哪一项来查找，0 为学号，1 为姓名；第三个参数是 `from`，表示从第 `from` 个记录开始找。

调用该函数的函数是 `queryInfo`、`removeRecord` 和 `modifyRecord`。当需要查找所有符合条件的记录时，只要首先调用

`i=findRecord(target,targetType,0);`

然后反复调用 `i=findRecord(target,targetType,i+1)` 直至 i 为 −1 即可，这样每次求得的 i 就都是符合条件的记录的序号了。

查询指定学生信息函数 `queryInfo` 用来找出所有符合查找条件的记录并显示出来。

删除记录函数 `removeRecord` 对于找到的每一条记录，首先显示出来让用户决定是否要删除这条记录，若确定要删除，则令 `numStus` 自减 1，然后将数组中排在被删除记录后面的记录往前移一格。最后应该更新其他记录的名次，即将名次排在被删除记录后面的记录的名次减 1。

修改指定学生信息函数 `modifyRecord` 对于找到的每一条记录，首先显示出来让用户决定是否要修改这条记录，若确定要修改，就重新输入学生信息。

12.4　测试示例

设计者可以制定详细的测试计划，然后根据测试计划设计测试用例，对程序进行彻底测试。程序设置的课程为

`char* subject[] = {"语文","数学","英语","物理","化学"};`

可以修改课程名称和数目。这里减少科目以加快测试，即通过语句

`#define NUM_SUBJECT 2`

选取两门课程。由于跟踪测试的结果过多，这里只举几个例子，简单介绍针对程序功能进行测试的方法。

12.4.1　菜单项及空表和空文件测试

在没有产生文件之前，对需要用到的菜单进行选择，看它们是否满足要求。

程序运行后，给出如下界面：

```
***************************
*       这是一个           *
*    学生成绩管理程序      *
*  可以对学生成绩进行管理  *
*    欢迎使用管理程序      *
***************************
```

```
1. 增加学生信息
2. 修改学生信息
3. 显示学生信息
4. 查询学生信息
5. 删除学生信息
6. 保存学生信息至记录文件
7. 从记录文件读取学生信息
8. 结束运行

左边数字对应功能选择，请选 1-8：
```

依次选择 2～6 项，分别得到如下信息：

```
没有可供修改的记录
没有可供显示的记录！
没有可供查询的记录
没有可供删除的记录
没有记录可存！
```

下面使用 1～8 之外的按键检验菜单的正确性以及选择 7 验证读取不存在文件的正确性，最后验证 8 的正确性。

```
左边数字对应功能选择，请选 1-8: y
输入错误，重选 1-8: 7
请输入要读取的文件名（直接回车选择文件 stu_info）: nofile
打不开文件！请重新选择

1. 增加学生信息
2. 修改学生信息
3. 显示学生信息
4. 查询学生信息
5. 删除学生信息
6. 保存学生信息至记录文件
7. 从记录文件读取学生信息
8. 结束运行
左边数字对应功能选择，请选 1-8: 8
是否保存原来的记录？ (Y/n)n
Press any key to continue
```

12.4.2 测试建表

菜单项太多，用"输出菜单"表示这些信息。为减少输入信息，可将科目定义改为 2 门。即将头文件中的一条语句改为：

```
#define NUM_SUBJECT 2
```

下面测试 1 和 7 项的功能，同时也验证存文件和显示文件。注意 Y 键可以用回车键代替，N/n 不能代替，但不分大小写，这都是由程序设计保证的。

```
输出菜单
左边数字对应功能选择，请选 1-8: 1

原来没有记录，现在建立新表
您将要添加一组信息，确定吗？ (Y/n)y
请输入学号: 100
请输入姓名: 张小莉
请输入性别（0 为女，1 为男）: 0
```

请输入语文成绩：67
请输入数学成绩：78
您将要添加一组信息，确定吗？（Y/n)
请输入学号：101
请输入姓名：李平华
请输入性别（0为女，1为男)：1
请输入语文成绩：77
请输入数学成绩：88
您将要添加一组信息，确定吗？（Y/n)n
现在一共有2条信息

输出菜单
左边数字对应功能选择，请选1-8：3
学号　　姓名　性别　　语文　　　数学　　　总分　　　平均分
100　　张小莉　女　　67.0　　78.0　　145.0　　72.5
101　　李平华　男　　77.0　　88.0　　165.0　　82.5

输出菜单
左边数字对应功能选择，请选1-8：1
下面在当前表的末尾增加新的信息
您将要添加一组信息，确定吗？（Y/n)y
请输入学号：103
请输入姓名：吴小平
请输入性别（0为女，1为男)：1
请输入语文成绩：67
请输入数学成绩：78
您将要添加一组信息，确定吗？（Y/n)
请输入学号：104
请输入姓名：章天天
请输入性别（0为女，1为男)：1
请输入语文成绩：66
请输入数学成绩：77
您将要添加一组信息，确定吗？（Y/n)n
现在一共有4条信息

输出菜单
左边数字对应功能选择，请选1-8：3
学号　　姓名　性别　　语文　　　数学　　　总分　　　平均分
100　　张小莉　女　　67.0　　78.0　　145.0　　72.5
101　　李平华　男　　77.0　　88.0　　165.0　　82.5
103　　吴小平　男　　67.0　　78.0　　145.0　　72.5
104　　章天天　男　　66.0　　77.0　　143.0　　71.5
输出菜单
左边数字对应功能选择，请选1-8：2
请输入如何找到欲修改的记录的方式：(直接输入回车则结束移除操作)
1．按学号
2．按姓名
1
请输入该学生的学号：101
学号　　姓名　性别　　语文　　　数学　　　总分　　　平均分
101　　李平华　男　　77.0　　88.0　　165.0　　82.5
确定要修改这个学生的信息吗？(y/N)y
下面请重新输入该学生的信息：
请输入学号：108
请输入姓名：王老五
请输入性别（0为女，1为男)：1

请输入语文成绩：45
请输入数学成绩：67
请输入如何找到欲修改的记录的方式：（直接输入回车则结束移除操作）
1．按学号
2．按姓名

直接按回车键，结束修改。

输出菜单
左边数字对应功能选择，请选 1-8：

注意需要对各种情况进行全部测试。

12.4.3 测试读取文件

读取的情况稍微复杂一些，应该分情况设计用例进行测试。下面举几个例子说明。

1. 测试将文件追加到目前记录的尾部

输出菜单
左边数字对应功能选择，请选 1-8：1
原来没有记录，现在建立新表
您将要添加一组信息，确定吗？（Y/n）
请输入学号：108
请输入姓名：李　梅
请输入性别（0 为女，1 为男）：0
请输入语文成绩：89
请输入数学成绩：95
您将要添加一组信息，确定吗？（Y/n）n
现在一共有 1 条信息

输出菜单
左边数字对应功能选择，请选 1-8：3
学号　　姓名　　性别　　语文　　数学　　总分　　平均分
108　　李　梅　　女　　89.0　　95.0　　184.0　　92.0

输出菜单
左边数字对应功能选择，请选 1-8：7
请输入要读取的文件名（直接回车选择文件 stu_info）：
取文件...
现在共有 6 条记录。

输出菜单
左边数字对应功能选择，请选 1-8：3
学号　　姓名　　性别　　语文　　数学　　总分　　平均分
108　　李　梅　　女　　89.0　　95.0　　184.0　　92.0
100　　张小莉　　女　　67.0　　78.0　　145.0　　72.5
101　　李平华　　男　　77.0　　88.0　　165.0　　82.5
103　　吴小平　　男　　67.0　　78.0　　145.0　　72.5
104　　章天天　　男　　66.0　　77.0　　143.0　　71.5
105　　张　弘　　男　　88.0　　98.0　　186.0　　93.0

取入的内容追加在内存表格的尾部，同时更新名次。

2. 测试直接读多个文件

在默认文件以及 tt1 和 tt2 文件里都建立两个记录。

输出菜单
左边数字对应功能选择，请选 1-8：7
请输入要读取的文件名（直接回车选择文件 stu_info）：
取文件 ...
现在共有 2 条记录。

输出菜单
左边数字对应功能选择，请选 1-8：3
学号　　姓名　　性别　　语文　　数学　　总分　　平均分
104　　章天天　　男　　66.0　　77.0　　143.0　　71.5
105　　张　弘　　男　　88.0　　98.0　　186.0　　93.0

输出菜单
左边数字对应功能选择，请选 1-8：7
请选择您是要覆盖现有记录（Y），还是要将读取的记录添加到现有记录之后（n）？
直接回车则覆盖现有记录
N
请输入要读取的文件名（直接回车选择文件 stu_info）：tt1
取文件 ...
现在共有 4 条记录。

输出菜单
左边数字对应功能选择，请选 1-8：3
学号　　姓名　　性别　　语文　　数学　　总分　　平均分
104　　章天天　　男　　66.0　　77.0　　143.0　　71.5
105　　张　弘　　男　　88.0　　98.0　　186.0　　93.0
100　　张小莉　　女　　67.0　　78.0　　145.0　　72.5
102　　张小明　　男　　88.0　　98.0　　186.0　　93.0

输出菜单
左边数字对应功能选择，请选 1-8：7
请输入要读取的文件名（直接回车选择文件 stu_info）：tt2
取文件 ...
现在共有 6 条记录。

输出菜单
左边数字对应功能选择，请选 1-8：7
请输入要读取的文件名（直接回车选择文件 stu_info）：tt2
取文件 ...
现在共有 8 条记录。

输出菜单
左边数字对应功能选择，请选 1-8：3
学号　　姓名　　性别　　语文　　数学　　总分　　平均分
104　　章天天　　男　　66.0　　77.0　　143.0　　71.5
105　　张　弘　　男　　88.0　　98.0　　186.0　　93.0
100　　张小莉　　女　　67.0　　78.0　　145.0　　72.5
102　　张小明　　男　　88.0　　98.0　　186.0　　93.0
101　　李平华　　男　　77.0　　88.0　　165.0　　82.5
103　　吴小平　　男　　67.0　　78.0　　145.0　　72.5
101　　李平华　　男　　77.0　　88.0　　165.0　　82.5
103　　吴小平　　男　　67.0　　78.0　　145.0　　72.5

　　由此可见，程序能够正确地更新名次。这里演示的只是一个简单的例子，从中也可以看出测试用例的设计很重要。实际测试时，应该分析程序运行中的各种情况，制定详细测试计划并选择好的测试用例。

3. 测试科目

下面测试全部科目。将科目的定义改为 5：

```
#define NUM_SUBJECT 5
```

输入 4 人的顺序之后，显示的结果为：

学号	姓名	性别	语文	数学	英语	物理	化学	总分	平均分
100	张三封	女	65.0	77.0	85.0	66.0	65.0	358.0	71.6
102	李 四	男	56.0	77.0	65.0	55.0	45.0	298.0	59.6
103	卫运费	男	67.0	77.0	87.0	65.0	66.0	362.0	72.4
101	何 梅	女	66.0	77.0	78.0	80.0	78.0	379.0	75.8

4. 测试数组内存分配

头文件定义的数组初始大小为 100，数组每次增加的大小为 50。可减少这两个大小的定义并将科目定义为 1 门，以加快测试。例如：

```
#define INITIAL_SIZE  10        // 数组初始大小
#define INCR_SIZE     5         // 数组每次增加的大小
#define NUM_SUBJECT   1
```

测试当超过 INITIAL_SIZE 时，将数组长度 arraySize 自动增加 INCR_SIZE。

12.5 评价标准

程序比较复杂，全部做对并能进行正确测试，给 85～90 分。只要能对局部进行完善，就可以考虑加分。

全部做对但测试欠缺，给 80～85 分。程序有部分错误，根据情况给 70～80 分。

如果学生能做这个课程设计，一般都能正确地使用工程和菜单，应该不会出现太差的情况，为鼓励学生的积极性，建议相互讨论，鼓励他们将这个试验完成。一般情况下，不要给不及格的成绩。

鼓励学生自己扩充并完善学生成绩管理程序。例如本课程设计没有给出学生的名次和排序等功能，这些都可以作为扩充的依据。

下面列出几点扩充功能供选择。

（1）给出学生的名次。

（2）按照学生的名次或者学号进行排序。

（3）增加相应的其他功能，例如，可以按名次查询。

12.6 增加功能实例

本节给出几个增加程序功能的例子，以便学生对本课程设计进行改写。

12.6.1 增加功能

为学生成绩管理程序增加成绩排名和排序功能。要求如下：

（1）能给出学生的名次。

（2）能按照学生的名次或者学号进行排序。

（3）增加相应的其他功能，例如，可以按名次查询。

这里将要求增加到查询和删除功能，具体改进如下：

（1）增加每个学生的名次信息。
（2）可以按"学号"、"姓名"或"名次"方式删除记录。
（3）可以按"学号"、"姓名"或"名次"方式修改记录内容。
（4）可以按"学号"、"姓名"或"名次"方式查询记录。
（5）增加排序功能，并在文件 sort.c 中实现。

对记录进行排序的功能要求如下：

（1）可以按学号进行升序或降序排序。
（2）可以按姓名进行升序和降序排序。
（3）可以按名次进行升序和降序排序。
（4）如果属于选择错误，可以立即退出排序。
（5）更新存储标志。

12.6.2 增加的函数和文件

为了实现上述功能，本设计文件增加一个用来完成排序的函数 `sortInfo`（位于新文件 sort.c 中）和一个处理名次的位置函数 `getIndex`（位于 add_disp.c 中）。其他功能是在原来的相应函数中增加对名次的处理。

1. 学生信息排序函数

新增文件 sort.c，文件中为学生信息排序函数 `void sortInfo(void)`。

函数原型：`void sortInfo(void)`
功　　能：对记录进行排序。
参　　数：无。
返 回 值：无。
工作方式：可以按照学号、姓名或名次进行排序。
要　　求：升序或降序排序。

2. 排序的位置函数

因为记录信息中增加了名次，所以为了处理名次，专门设计一个输出在记录中按升序排序的位置函数 `getIndex`。将这个函数放在 add_disp.c 文件中。

函数原型：`int getIndex(float sum)`
功　　能：找出总分为 sum 在第 0 ~ numStus-1 个记录中按升序排序的位置。
参　　数：float，欲找出其位置的总分。
返 回 值：int，sum 在第 0 ~ numStus-1 个记录中按升序排序的。
工作方式：查找并计数。
要　　求：输出位置整数。

12.6.3 修改程序清单说明

仅以文件为单位简要说明各个函数与原来的不同之处。

1. student.h 文件

结构 `student_info` 中增加名次 `index`，并增加两个新函数的原型声明。

```c
struct student_info {
    char number[15];                // 学号
    char name[20];                  // 姓名
    char gender[4];                 // 性别
    float score[NUM_SUBJECT];       // 分别为该学生 5 门课的成绩
    float sum;                      // 总分
    float average;                  // 平均分
    int index;                      // 名次（新增）
};
// 两个新函数的原型声明
void sortInfo(void);
int findRecord(char* target, int targetType, int from);
```

2. student.c 文件

这里要增加相应菜单提示信息和菜单处理程序。处理程序由函数 `sortInfo` 完成。为了操作合理，不一定作为最后一个菜单项。

3. add_disp.c 文件

在 `display` 函数中补齐下列语句：

```c
printf("\t%.1f\t%.1f\t%d\n",records[i].sum,records[i].average,records[i].index);
```

在 `void addRecord` 函数中补齐下列语句：

```c
records[numStus].index = getIndex(sum);
numStus++;      // 参照位置
```

增加 getIndex 函数。

```c
/*********************************************************
 * 找出总分为 sum 在第 0 至 numStus-1 个记录中按升序排序的位置
 * 参数：sum: 欲找出其位置的总分
 * 返回：sum 在第 0 至 numStus-1 个记录中按升序排序的位置
 * 结果：第 0 至 numStus-1 个记录中名次一项也会以需要相应改变
 *********************************************************/
int getIndex(float sum)
{
    int i;
    int count = 0;   // 总分大于 sum 的人数

    for (i=0; i<numStus; i++)
    {
        if (records[i].sum < sum)
        {
            records[i].index++;     // 总分小于 sum 的记录名次增 1
        }
        else if (records[i].sum > sum)
        {
            count++;
        }
    }

    return count+1;
}
```

每新增加一个学生的记录，就通过总分来计算名次，该学生的名次是总分高于他的学生的总数加 1，并且所有总分小于他的学生的名次均增 1。

4. sav_load.c 文件

文件读取操作函数 `loadRecords` 需要处理名次，增加下面的语句。

```
if(fread(&records[numStus],sizeof(StuInfo),1,fp) != 1) break;
// 按照 addRecord 函数的方法，更新名次
records[numStus].index = getIndex(records[numStus].sum);
numStus++;
```

取入文件要涉及重新排定名次的问题，这里调用 `getIndex` 函数对名次进行更新。

5. quee_remv_modi.c 文件

这里涉及太多，给出全部参考程序。

```c
#include "student.h"

/***********************************************************
 * 查找指定记录函数
 * 参数：   target：欲查找记录的某一项与 target 相同
 *         targetType：表明通过哪一项来查找，0 为学号，1 为姓名，2 为名次
 *         from：从第 from 个记录开始找
 * 返回：找到的记录的序号，若找不到则返回 -1
 ***********************************************************/
int findRecord(char* target, int targetType, int from)
{
    int i;
    for (i=from; i<numStus; i++)
    {
        if ((targetType==0 && strcmp(target,records[i].number)==0) ||
            (targetType==1 && strcmp(target,records[i].name)==0) ||
            (targetType==2 && atoi(target)==records[i].index))
            return i;
    }
    return -1;
}

/*****************************
 * 查询指定学生信息函数
 * 可以按照学号、姓名或名次来查询
 *****************************/
void queryInfo(void)
{
    char str[5];
    char target[20];
    int type;
    int count;
    int i,j;
    if(numStus==0)
    {
        printf(" 没有可供查询的记录 ");
        return;
    }
    while(1)
    {
        printf(" 请输入查询的方式：(直接输入回车则结束查询) \n");
        printf("1. 按学号 \n");
        printf("2. 按姓名 \n");
```

```c
                printf("3. 按名次\n");
                gets(str);
                if (strlen(str) == 0)
                        break;
                if (str[0] == '1')
                {
                        printf("请输入欲查询的学生的学号：");
                        gets(target);
                        type = 0;
                }
                else if (str[0] == '2')
                {
                        printf("请输入欲查询的学生的姓名：");
                        gets(target);
                        type = 1;
                }
                else
                {
                        printf("请输入欲查询的学生的名次：");
                        gets(target);
                        type = 2;
                }

                i = findRecord(target,type,0);
                if(i==1)
                {
                // 打印查询到的学生的信息
                        showTable();
                }
                count = 0;
                while(i != -1)
                {
                        count++;
                        printf("%s\t%s\t%s",records[i].number,records[i].name,
                                records[i].gender);
                        for (j=0; j<NUM_SUBJECT; j++)
                                printf("\t%.1f",records[i].score[j]);
                        printf("\t%.1f\t%.1f\t%d\n",records[i].sum,records[i].average,
                                records[i].index);
                        i = findRecord(target,type,i+1);
                }

                if (count==0)
                        printf("没有符合条件的学生！\n");
                else
                        printf("一共找到了%d名学生的信息\n\n",count);
        }
}

/***********************
 * 删除记录函数
 ***********************/
void removeRecord(void)
{
    char str[5];
    char target[20];
```

```c
    int type;
    int i,j;
    int tmpi;

    if(numStus==0)
    {
        printf("没有可供删除的记录");
        return;
    }

    while(1) {
        printf("请输入如何找到欲删除的记录的方式: ");
        printf("(直接输入回车则结束移除操作)\n");
        printf("1. 按学号 \n");
        printf("2. 按姓名 \n");
        printf("3. 按名次 \n");
        gets(str);
        if (strlen(str) == 0) break;

        if (str[0] == '1')
        {
            printf("请输入该学生的学号: ");
            gets(target);
            type = 0;
        }
        else if (str[0] == '2')
        {
            printf("请输入该学生的姓名: ");
            gets(target);
            type = 1;
        }
        else
        {
            printf("请输入该学生的名次: ");
            gets(target);
            type = 2;
        }

        i = findRecord(target,type,0);
        if (i==-1) printf("没有符合条件的学生! \n");

        while(i != -1)
        {
            showTable();
            printf("%s\t%s\t%s",records[i].number,records[i].name,
                records[i].gender);
            for (j=0; j<NUM_SUBJECT; j++)
                printf("\t%.1f",records[i].score[j]);
            printf("\t%.1f\t%.1f\t%d\n",records[i].sum,records[i].average,
                records[i].index);
            printf("确定要删除这个学生的信息吗? (y/N)");
            gets(str);
            if (str[0]=='y' || str[0]=='Y')
            {
                numStus--;
                tmpi = records[i].index;
```

```c
                        // 将后面的记录前移
                        for (j=i; j<numStus; j++)
                        {
                                copyRecord(&records[j+1],&records[j]);
                        }

                        // 将名次排在被删除记录后面的记录的名次减1
                        for (j=0; j<numStus; j++)
                        {
                                if (records[j].index > tmpi)
                                        records[j].index--;
                        }
                }
                // 取下一个符合条件的记录
                i = findRecord(target,type,i+1);
            }
    }
    savedTag = 1;
}

/*****************************************
 * 将 src 指向的一条记录复制给 dest 指向的记录
 *****************************************/
void copyRecord(StuInfo* src, StuInfo* dest)
{
    int j;
    strcpy(dest->number,src->number);
    strcpy(dest->name,src->name);
    strcpy(dest->gender,src->gender);
    for (j=0; j<NUM_SUBJECT; j++)
    {
            dest->score[j] = src->score[j];
    }
    dest->sum = src->sum;
    dest->average = src->average;
    dest->index = src->index;
}

/***********************
 * 修改指定学生信息函数
 ***********************/
void modifyRecord(void)
{
    char str[5];
    char target[20];
    int type;
    int i,j;
    int tmpi;
    float sum,mark;
    int count = 0;   // 总分大于 sum 的人数

    if(numStus==0)
    {
            printf(" 没有可供修改的记录 ");
            return;
```

```
        }
        
    while(1) {
            printf(" 请输入如何找到欲修改的记录的方式： ");
            printf(" （直接输入回车则结束移除操作） \n");
            printf("1. 按学号 \n");
            printf("2. 按姓名 \n");
            printf("3. 按名次 \n");
            gets(str);
            if (strlen(str) == 0) break;
            
            if (str[0] == '1')
            {
                printf(" 请输入该学生的学号： ");
                gets(target);
                type = 0;
            } else if (str[0] == '2')
            {
                printf(" 请输入该学生的姓名： ");
                gets(target);
                type = 1;
            } else
            {
                printf(" 请输入该学生的名次： ");
                gets(target);
                type = 2;
            }
            
            i = findRecord(target,type,0);
            if (i==-1) printf(" 没有符合条件的学生！ \n");
            
            while(i != -1)
            {
                showTable();
                printf("%s\t%s\t%s",records[i].number,records[i].name,
                    records[i].gender);
                for (j=0; j<NUM_SUBJECT; j++)
                    printf("\t%.1f",records[i].score[j]);
                printf("\t%.1f\t%.1f\t%d\n",records[i].sum,records[i].average,
                    records[i].index);
                printf(" 确定要修改这个学生的信息吗？ （y/N）");
                gets(str);
                if (str[0]=='y' || str[0]=='Y')
                {
                    tmpi = records[i].index;
                    
                    printf(" 下面请重新输入该学生的信息： \n");
                    printf(" 请输入学号： ");
                    gets(records[i].number);
                    printf(" 请输入姓名： ");
                    gets(records[i].name);
                    printf(" 请输入性别（0 为女，1 为男）： ");
                    gets(str);
                    if (str[0] == '0')
                        strcpy(records[i].gender," 女 ");
                    else
```

```
                    strcpy(records[i].gender," 男 ");
                sum=0;
                for (j=0; j<NUM_SUBJECT; j++)
                {
                    printf(" 请输入 %s 成绩: ",subject[j]);
                    gets(str);
                    mark = (float)atof(str);
                    records[i].score[j] = mark;
                    sum += mark;
                }
                records[i].sum = sum;
                records[i].average = sum/NUM_SUBJECT;

                // 将原来名次排在被修改记录之后，而其 sum 小于等于
                // 修改后记录的 sum 的记录的名次减 1
                // 将原来名次排在被修改记录之前或相同，而其 sum
                // 大于修改后记录的 sum 的记录的名次增 1
                count = 0;
                for (j=0; j<numStus; j++)
                {
                    if (j == i) continue;
                    if (records[j].index>tmpi && records[j].sum>sum)
                        records[j].index--;
                    else if (records[j].index<=tmpi && records[j].sum<sum)
                        records[j].index++;
                    if (records[j].sum > sum)
                        count++;
                }
                records[i].index = count+1;
            }
            i = findRecord(target,type,i+1);
        }
    }
    savedTag = 1;
}
```

这个函数的设计方法见前面 12.3 节的描述。

修改记录函数 modifyRecord 对于找到的每一条记录，首先显示出来让用户决定是否要修改这条记录，若确定要修改，就重新输入学生信息，然后根据新记录中的总分来计算该记录的名次和更改其他用户的名次，也就是说，该学生的名次是总分高于他的学生总数加 1，并且将原来名次排在被修改记录之后，而其总分小于等于修改后记录的总分的记录的名次减 1，将原来名次排在被修改记录之前或相同，而其总分大于修改后记录的总分的记录的名次增 1。

6. sort.c 文件

新增以下文件清单。
```
#include "student.h"
/****************************
 * 学生信息排序函数
 * 返回: void
 ****************************/
void sortInfo(void)
{
    char str[5];
    int i,j;
```

```c
    StuInfo tmps;
    if (numStus == 0)
    {
        printf(" 没有可供排序的记录！ ");
        return;
    }

    printf(" 请输入您希望进行排序的方式： \n");
    printf("1. 按学号进行升序排序 \n");
    printf("2. 按学号进行降序排序 \n");
    printf("3. 按姓名进行升序排序 \n");
    printf("4. 按姓名进行降序排序 \n");
    printf("5. 按名次进行升序排序 \n");
    printf("6. 按名次进行降序排序 \n");
    printf("7. 按错了，现在并不想进行排序 \n");
    gets(str);

    if (str[0]<'1' || str[0]>'6') return;

    // 进行排序
    for (i=0; i<numStus-1; i++)
    {
        for (j=i+1; j<numStus; j++)
        {
            if ((str[0]=='1' && strcmp(records[i].number,records[j].number)>0) ||
                (str[0]=='2' && strcmp(records[i].number,records[j].number)<0) ||
                (str[0]=='3' && strcmp(records[i].name,records[j].name)>0) ||
                (str[0]=='4' && strcmp(records[i].name,records[j].name)<0) ||
                (str[0]=='5' && records[i].index>records[j].index) ||
                (str[0]=='6' && records[i].index<records[j].index))
            {
                copyRecord(&records[i],&tmps);
                copyRecord(&records[j],&records[i]);
                copyRecord(&tmps,&records[j]);
            }
        }
    }

    printf(" 排序已经完成 \n");
    savedTag = 1;
}
```

可以选择按学号进行升序排序，按学号进行降序排序，按姓名进行升序排序，按姓名进行降序排序，按名次进行升序排序或者按名次进行降序排序，使用比较排序法，比较数组中的任两个记录，对于不符合顺序的两个记录对换位置。

7. 学号和名次测试结果

原记录如下：

学号	姓名	性别	语文	数学	英语	物理	化学	总分	平均分	名次
100	张三封	女	65.0	77.0	85.0	66.0	65.0	358.0	71.6	3
102	李 四	男	56.0	77.0	65.0	55.0	45.0	298.0	59.6	4
103	卫运费	男	67.0	77.0	87.0	65.0	66.0	362.0	72.4	2
101	何 梅	女	66.0	77.0	78.0	80.0	78.0	379.0	75.8	1

对它按学号进行升序排序的结果如下：

学号	姓名	性别	语文	数学	英语	物理	化学	总分	平均分	名次
100	张三封	女	65.0	77.0	85.0	66.0	65.0	358.0	71.6	3
101	何 梅	女	66.0	77.0	78.0	80.0	78.0	379.0	75.8	1
102	李 四	男	56.0	77.0	65.0	55.0	45.0	298.0	59.6	4
103	卫运费	男	67.0	77.0	87.0	65.0	66.0	362.0	72.4	2

对它按名次进行升序排序的结果如下：

学号	姓名	性别	语文	数学	英语	物理	化学	总分	平均分	名次
101	何 梅	女	66.0	77.0	78.0	80.0	78.0	379.0	75.8	1
103	卫运费	男	67.0	77.0	87.0	65.0	66.0	362.0	72.4	2
100	张三封	女	65.0	77.0	85.0	66.0	65.0	358.0	71.6	3
102	李 四	男	56.0	77.0	65.0	55.0	45.0	298.0	59.6	4

注意记录中允许有同名的学生，名次可以并列。

附录 A
使用编程环境

Visual C++ 6.0 是目前流行较广的软件,可用来编写控制台程序。为了方便程序的调试,本附录简要介绍最流行的 Visual C++ 6.0 的使用方法,目的是介绍如何使用它编制和调试控制台程序,也就是以够用为原则。为叙述方便,将它简称为 VC。

A.1 VC 主窗口和工具栏

从"开始"菜单的 Microsoft Visual Studio 6.0 的 Visual C++ 6.0 菜单项启动并进入开发环境,典型开发环境界面如图 A-1 所示。

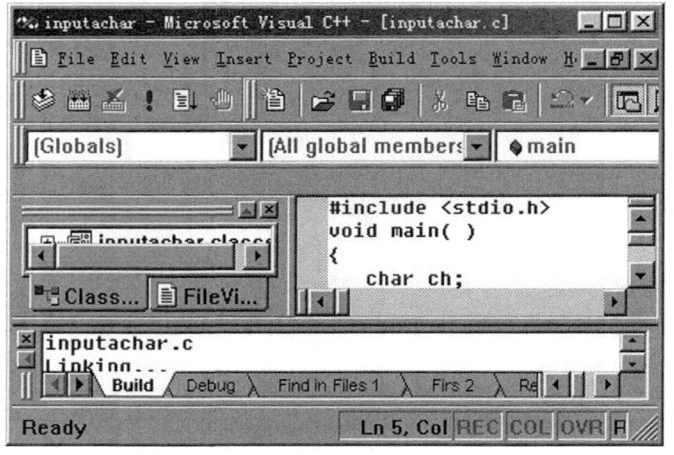

图 A-1 Visual C++ 6.0 启动界面

VC 由标题栏、菜单栏、工具栏、工作区窗口、编辑窗口、输出窗口和状态栏组成。屏幕的最上端是标题栏,用于显示应用程序名和所打开的文件。标题栏的下面是菜单栏和工具栏。工具栏的左下方是工作区窗口,右下方是编辑窗口。再下面是输出窗口,主要用于显示工程建立过程中生成的错误信息。屏幕的最下方是状态栏。

工具栏对应某些菜单选项或命令,可以直接用鼠标单击工具栏按钮来完成相应的命令。

通常使用熟练之后,使用工具栏按钮比使用菜单项命令更加直接迅速。

VC 包含十多种工具栏,屏幕上默认显示的工具栏是 Standard 和 Build MiniBar 两个工具栏。Standard 工具栏如图 A-2 所示,各个工具按钮的描述见表 A-1。

图 A-2 Standard 工具栏

表 A-1　Standard 工具栏按钮描述

工具按钮图标	工具按钮名称	功　能
	New Text File	创建新的文本文档
	Open	打开已有的文档
	Save	保存文件
	Save All	保存所有打开的文件
	Cut	剪切选定的内容到剪贴板中
	Copy	复制选定的内容到剪贴板中
	Paste	在当前位置粘贴剪贴板中的内容
	Undo	取消最近一次的操作
	Redo	重复前一次取消的操作
	Workspace	显示或隐藏工作区窗口
	Output	显示或隐藏输出窗口
	Window List	管理当前打开的窗口
	Find In Files	在多个文件中搜索字符串
	Find	在当前文件中查找字符串
	Search	搜索联机文档

Build MiniBar 工具栏如图 A-3 所示，各按钮描述见表 A-2。

图 A-3　Build MiniBar 工具栏

表 A-2　Build MiniBar 工具栏按钮描述

工具按钮图标	工具按钮名称	功　能
	Compile	编译文件
	Build	建立工程
	Stop Build	停止建立工程
	Execute Program	执行应用程序
	Go	启动或继续程序的执行
	Insert/Remove Breakpoint	插入或删除断点

　　如图 A-4 所示，VC 的菜单栏由多个菜单组成。执行菜单命令的方法同 Windows 操作系统的常用方法一致，可以在一般的工具书中查到对这些菜单内容的详细介绍，故不再赘述。

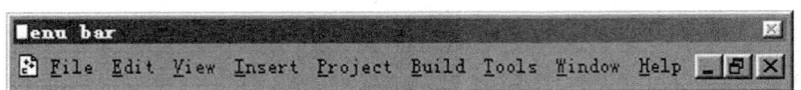

图 A-4　VC 的菜单栏

另外，VC 提供了强大的在线帮助。通过 Help 菜单可以查找各种联机帮助信息。

A.2　如何建立控制台应用程序

单击 File 菜单的 New 选择项，选择 Project 栏下的 Win32 Console Application 项。给工程取个名字，单击 OK 即进入如图 A-5 所示的 Win32 Console Application 向导。

向导提供了四种应用框架，确切地说只有三种：即空工程、简单应用框架、与 MFC 类接口框架。图 A-5 中所示的"Hello World!"框架与第二种几乎完全相同。

目前只能选第一个 An empty project。单击 Finish 按钮，向导将给出生成的工程的信息。

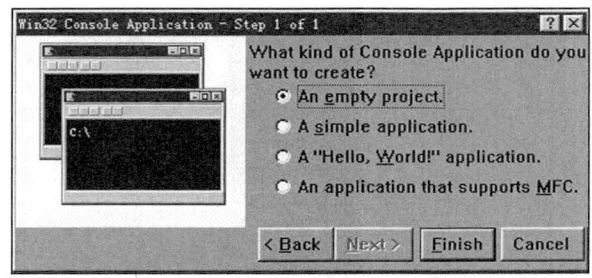

图 A-5　Win32 console application 向导

A.3　一个简单的示例程序

本节以 inchar.c 为例，说明从编辑到调试完成的全过程。

（1）选 File 菜单的 New 命令，弹出如图 A-6 所示的对话框，在 Project name 框里填 inchar，在 Location 框中填 E:\qinc\inchar，这代表准备在 E:\qinc 目录下建立名为 inchar 的工程，同时也是在 E:\qinc 目录下建立目录 inchar。再单击 OK 按钮，进入与图 A-5 一样的对话框，选 An empty project。单击 Finish 按钮，向导给出图 A-7 所示的生成工程的信息。

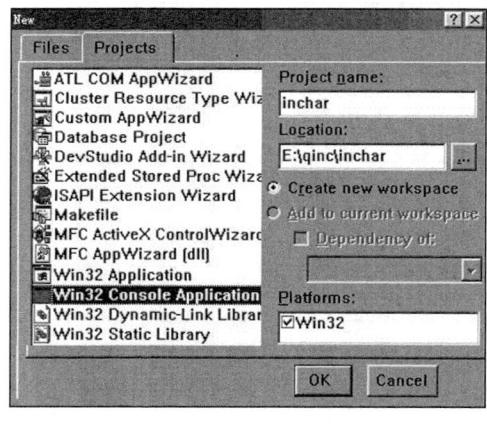

图 A-6　在指定位置建立工程示意图

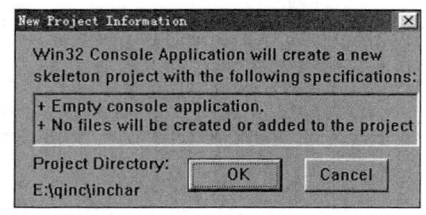

图 A-7　生成的工程信息

（2）由图 A-6 可知，工程所在目录是 E:\qinc\inchar，是一个没有任何文件的空的控制台应用工程。如果不满意，只能取消，不能再退回到上一步。单击 OK 按钮，完成建立新工程的任务，并返回开发环境。

（3）再次选择 File 菜单的 New 命令，进入如图 A-8 所示的 New 对话框，此时显示的内容是 Files 选项卡的内容。如图 A-8 所示，给工程增加空的 C 文件，文件名为 inchar.c。

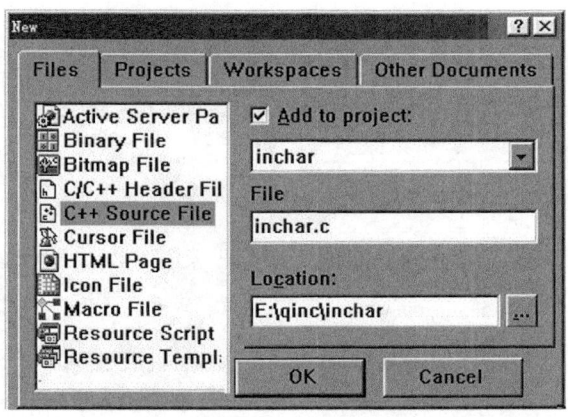

图 A-8　在 New 对话框里增加空的 C 文件示意图

（4）单击 OK 按钮，返回如图 A-9 的集成环境，然后在右边的编辑框里输入如下源程序。

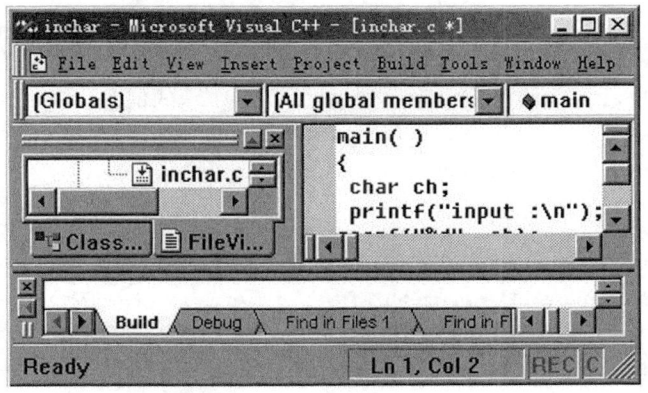

图 A-9　在集成环境编辑框里输入的源程序

```
void  main( )
{
    char ch;

    printf("input:");
    scanf("%d", ch);
    printf("Your input is:%d\n", ch);
}
```

（5）检查输入无误之后，即可对程序进行编译。这里需要注意的是，初学者往往过分依赖于编译器，不重视编译运行之前的人工检查。有很多的小错误，例如拼写错误等是完全可以自己检查出来的，应当逐步培养自己的查错能力。在编制大型软件时，这一点显得尤其重要。特别需要提醒的是，C 语言的关键字在编辑窗里是以与文字不同的颜色显示的，如果它们也变成了相同颜色，说明这一行隐含了 VC 不能识别的符号。最常见的原因是混入中文不可见符号或者用中文符号代替英文符号，如中文逗号","代替西文逗号","。

（6）对文件进行编译。如图 A-10 所示，集成环境标题栏给出工程名称和文件名称。左边的窗口里显示工程内的文件构成信息。Source Files 指出只有一个 inchar.c 文件。Build 菜单里显示出所有操作命令。

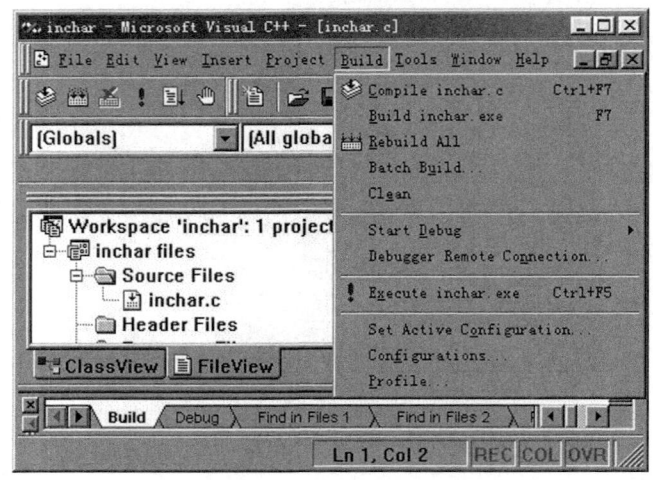

图 A-10　工程组成信息及 Build 菜单

（7）由图 A-10 可见，操作命令已经加上所在文件的标识，所以其功能非常清楚。选择编译命令 Compile inchar.c，在信息窗口里出现如图 A-11 所示的信息。

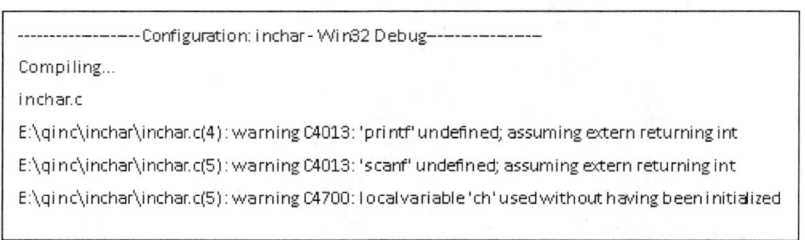

图 A-11　调试窗口里出现的编译信息

目前需要掌握的最基本的 3 个命令介绍如下：

① Compile inchar.c 命令用来编译文件 inchar.c。如果不能通过，则不能产生 obj 文件，并给出出错信息。如果通过，产生 inchar.obj 文件，也可能给出警告信息。如果有警告信息，则说明程序有不妥之处，应该排除，直到无警告信息为止。需要注意的是，有警告信息产生的 obj 文件，可能会有错误，不能产生 exe 文件，或者运行结果不正确。第一次调试程序时，一般都要使用这一命令检查错误。编译系统会给出出错和警告信息的可能原因，这将有助于查错。

② Build inchar.exe 命令在编译文件 inchar.c 时，同时产生 inchar.obj 和 inchar.exe 文件。如果程序有问题，又不影响产生 obj 文件的话，只显示警告信息的数目，不显示警告信息的内容，这是与 Compile inchar.c 命令的区别。

③ Execute inchar.exe 命令执行文件 inchar.exe。

（8）由警告信息的第 1～2 条可知，这是没有包含 stdio.h 所引起的。第 3 条说明第五行中的 ch 没有被正确赋值，这是因为把"&ch"错为"ch"。改正之后，编译正确。

（9）如果一开始就使用 Build inchar.exe 命令，则只给出有 3 个问题的信息。这时产生的执行文件将得不到正确结果。现在有了无错误信息的 obj 文件，可以使用 Build inchar.exe 命令产生 exe 文件。

（10）执行 Execute inchar.exe 运行程序，如图 A-12 所示，Windows 弹出一个 DOS 窗口来运行 DOS 程序，按屏幕上的提示，按任意键即可返回开发环境。

（11）从运行结果上看，好像很正确。如果再输入 w，则输出 -52。所以不要只取一种情况验证程序是否运行正确，应该对各种可能的情况进行验证。

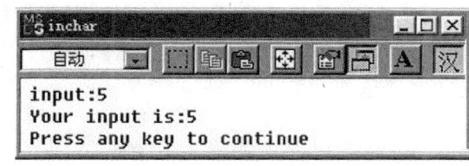

图 A-12　运行程序的 DOS 窗口及运行结果

（12）将鼠标放在如图 A-13 箭头所示的地方，按 Ctrl+F10 键，回答 w，如左边窗口内所示，程序运行时显示出 ch 的值为 -52。也可以在右边窗口的 Name 栏下直接输入要观察的变量名 ch，同样显示出 -52。

（13）这个示例程序比较简单，也可以启用 Debug，观察表达式或变量的值，并设置断点或单步运行程序。修改后的正确程序如下：

```
#include <stdio.h>
void main( )
{
    char ch;

    printf("input:");
    scanf("%c", ch);
    printf("Your input is:%c\n", ch);
}
```

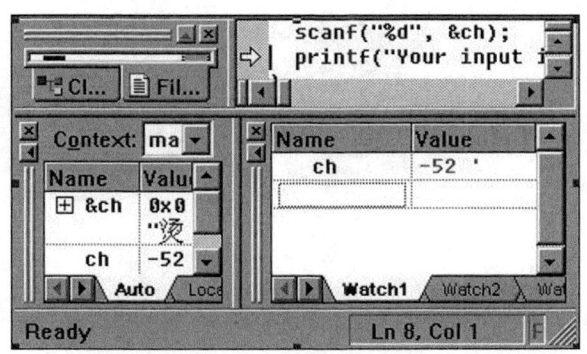

图 A-13　观察变量在程序运行期间的变化情况

其实，VC 可以不用将主函数说明为 void。不过，在编制 C++ 程序时，VC 必须将 main 说明为 void 类型。因此建议养成对 main 函数进行严格说明的习惯。

由于在程序设计中错误总是难免的，因此调试也是必不可少的。所以应该尽快熟悉调试环境，而熟悉的唯一途径就是多用。"实践出真知"，说的也正是这个道理。

附录 B 集成环境调试命令及调试实例

本附录将给出集成环境调试命令和调试实例。

B.1 基本调试命令简介

1. 设置和取消断点

设置和取消断点是通过选择右键菜单来实现的。断点是程序员在程序上做的标记,表示调试程序时,运行到该处应该暂停。如图 B-1 所示,在要设置断点处右击选择菜单命令 Insert/Remove Breakpoint,在该行设置一个红色圆点表示断点。

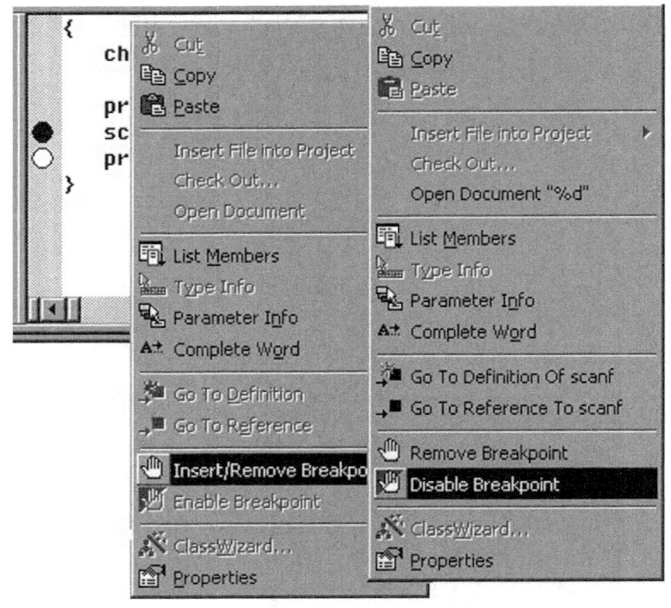

图 B-1 设置和取消断点示意图

如果要取消断点,在断点行再次右击,则出现 Remove Breakpoint 和 Disable Breakpoint 两个菜单命令。前一个表示将取消断点(红色圆点消失),后一个表示保留断点,但暂时不起作用(即程序执行时忽略这个断点)。如果选择后一个命令,则红色实心圆点的内部变成白色(图 B-1 中的空心圆圈),同时菜单命令变为 Enable Breakpoint,以便将来选择该命令恢复断点。

可以在光标所在行直接使用 F9 功能键设置和取消断点,也可以用它激活保留断点,但设置保留断点必须使用右键菜单。

2. 调试控制

若未设置断点，可按 F10 键（Step Over）进行调试，调试程序将停在 main 函数的开始处。一旦准备好程序，便可以开始调试，这时可使用其他所有功能。

可采用下述方法进行调试。

（1）一次执行一行，跳过一些函数，或单步调试所有函数。

（2）从当前位置执行到预先设立的断点。

（3）从当前位置执行到光标所在位置。

上述方法可以选择一种使用也可以混合使用。

如果对源程序做了修改，则应重新编译，然后再进行调试。事实上，修改源程序后再用 Step Over 或 Trace Into 命令企图再次调试时，VC 将询问用户是否需要重新生成可执行文件。

3. 调试命令和热键

表 B-1 列出了用于调试菜单的几个特别的调试命令和热键。

表 B-1 调试命令和热键的功能说明

功 能 键	菜单命令	功 能
F5	Go	执行程序直到碰到某个断点或程序结束
Ctrl+F10	Run to Cursor	执行程序，在光标所在行停止
F10	Step Over	执行当前调用函数但不跟踪进入该函数的内部，如果在该函数内部设置了断点，则停留在断点处
F11	Step Into	单步执行当前程序，如果程序调用函数，则跟踪进入被调用函数的内部
Shift+F11	Step Out	执行程序直到函数执行完毕；如果当前函数还有断点，则停留在下一个断点处
Ctrl+Shift+F5	Restart	重新开始调试
Shift+F5	Stop Debugging	中断调试
	Break	暂停；有时程序在下一个断点之前有死循环，可以用该命令强行暂停程序，以便查看循环情况

4. 变量窗口

在如图 B-2 所示的程序窗口下面，左边的窗口称为变量窗口，用来显示各个变量及其取值。变量窗口有 3 个选项卡，分别是 Auto、Locals 和 this。经常要查看前两个选项卡中的内容。随着程序的执行，如果选项卡中间的变量的值发生变化，则将它们用红色显示出来。

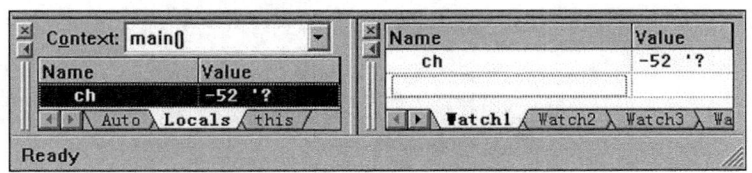

图 B-2 变量窗口和观察窗口示意图

❑ Auto：给出刚执行完的程序行涉及的变量及其取值，以及将要执行的程序行涉及的变量及其取值。

❑ Locals：给出当前函数的局部变量及其取值。

可以直接通过双击变量的值进行修改。在调试时，可以很方便地改变变量的值，观察它们的行为。

5. 观察窗口

在如图 B-2 所示的程序窗口下面，右边的窗口称为观察窗口。在变量窗口中，Auto 和 Locals 选项卡中所显示的变量并不是当前函数中所有有意义的变量，而且在两个选项卡之间切换也不方便，所以常使用观察窗口来显示变量的值。

观察窗口共有 4 个选项卡，每一个选项卡中都可以任意输入变量。双击 Name 栏的空白处，即可输入任意变量，其值显示在 Value 栏中。双击变量的值，可以直接修改。

在观察窗口中，还可以输入一些简单的表达式，如 y+25，则显示这个表达式的值。

6. 调试命令菜单

如图 B-3 所示，Bulid 菜单含有可供调试程序的子菜单。使用这些调试命令可进入程序调试状态。

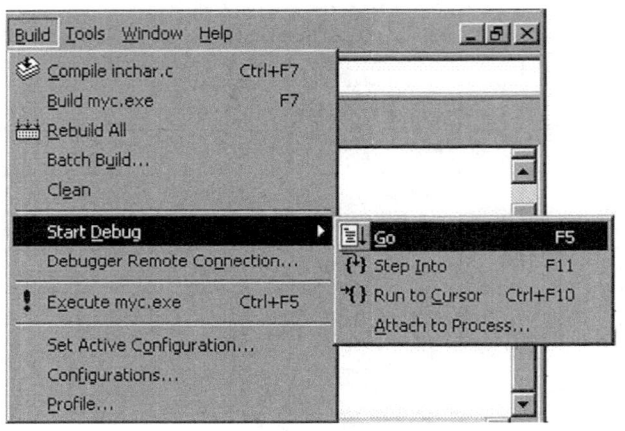

图 B-3　Bulid 菜单的调试命令

如图 B-4 所示，进入调试状态后，Build 的位置被 Debug 菜单代替。图 B-4 还给出了执行断点行的示意图。

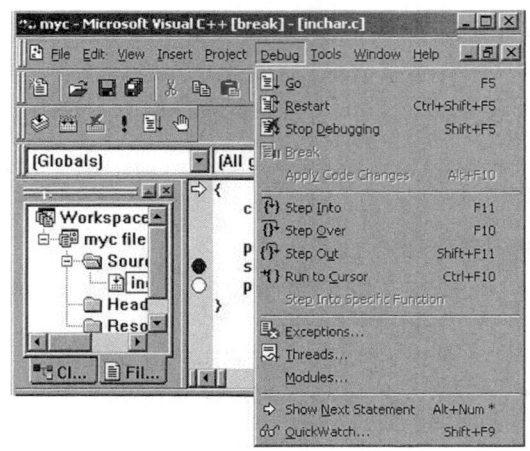

图 B-4　Debug 菜单及执行断点行的示意图

B.2 程序与汇编调试窗口

有时需要根据汇编窗口加以观察。下面的程序演示了内存数据的存放方式。

【例 B.1】演示小端存储的程序。

```
#include <stdio.h>
union s{
    int n;
    char str[4];
}uc;
int main( )
{
    int i=0;
    uc.n=0x12345678;
    printf("0x%x\n",&uc);
    for(i=0;i<4;i++)
        printf("0x%x 0x%x\n",&uc.str[i],uc.str[i]);
    return 0;
}
```

从图 B-5 的窗口可以看出，`uc.str[0]` 存储的是 `0x78`。对照 7 位 ASCII 编码表，`0x78` 也是小写字母 x 的 ASCII 码。对比 un.n=0x12345678，str[0] 里存储的是 `0x78`，也就是地址 0x12345678 的低端地址，又称小端地址。0x56 对应大写字符 V，0x34 对应数字 4，而 0x12 则是不可显示字符，由此证明本机是小端存储方式。

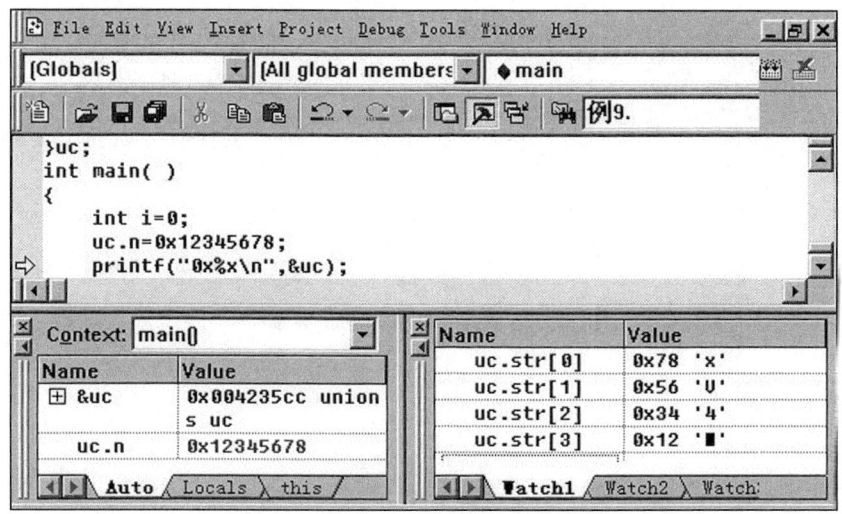

图 B-5　演示小端地址存储方式示意图

可以通过图 B-5 中的下拉框 Context 选择显示内容。如图 B-6 所示，`mainCRTStartup` 显示汇编代码。也可以直接用 Windows 菜单里在 c 文件和 Dissassembly 之间选择。

图 B-7 是单步运行汇编程序示意图。

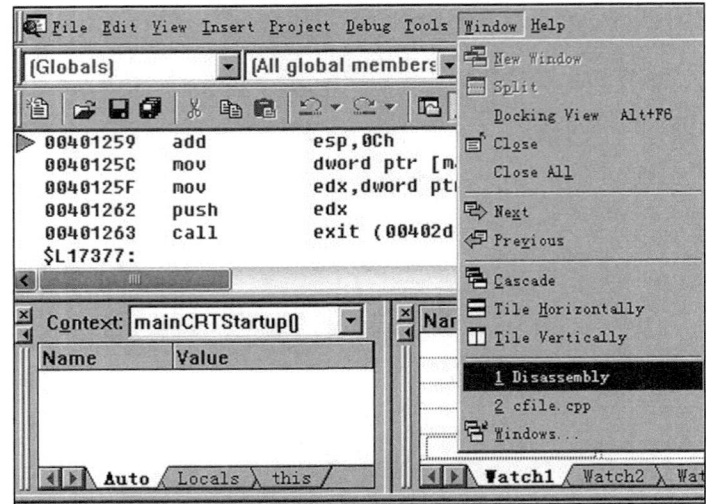

图 B-6　Windows 菜单 c 文件和 Dissassembly 菜单项

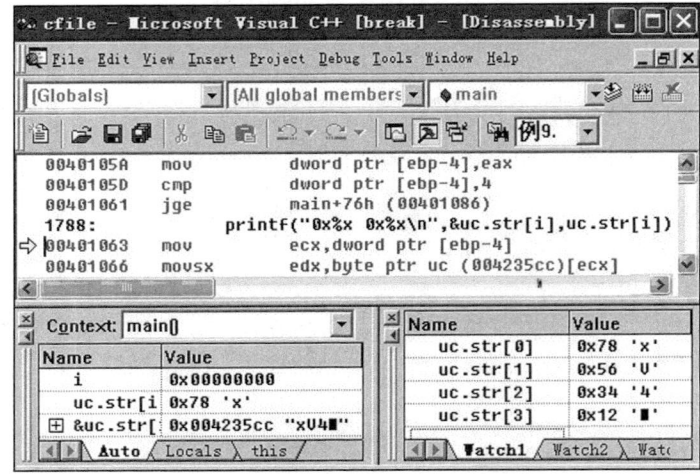

图 B-7　单步运行汇编程序示意图

B.3　调试程序实例

1. 编程题目

【例 B.2】有 5 个小学生，每个学生有数学和语文两门功课。从键盘上输入学生学号、姓名及成绩，计算出平均成绩后，输出每个人的平均成绩，然后将数据全部存入磁盘文件 stud 之中。

下面是为它设计的源程序清单。

```
#include <stdio.h>
#define TOTAL 4
struct student {
    char num[6];
    char name[20];
```

```
        int score[2];
        int  ave;
} stu[TOTAL];
void main ( )
{
    FILE *fp;
    int i,j,sum;
    char *cnum[]={" 数学 "," 语文 "};
    i=j=sum=0;
    for ( i=0; i<=TOTAL; i++ )
    {
        printf("\n 请输入学生 %d 的成绩: \n",i+1);
        printf(" 学号: ");
        scanf("%s",stu[i].num);
        printf(" 姓名: ");
        scanf("%s",stu[i].name);
        sum=0;
        for(j=0;j<=1;j++);
        {
            printf("%s 成绩:", cnum[j]);
            scanf("%d",&stu[i].score[j]);
            sum+=stu[i].score[j];
        }
        if(sum%2==0) sum=sum/2;
        sum=(sum+1)/2;
        stu[i].ave=sum;
    }
    printf(" 平均成绩 \n");
    for(i=0;i<=TOTAL;++i)
        printf("%s\t%d\n",stu[i].name,stu[i].ave);
    fp=fopen("stud", "w");
    for (i=0; i<=TOTAL; i++)
        if (fwrite(&stu[i],sizeof(struct student ),1 ,fp)!=1)
            printf(" 文件写出错 \n");
    fclose(fp);
}
```

程序编译通过，运行后出现如下情况，请通过跟踪程序执行情况找出错误。

调试示例:

请输入学生 1 的成绩:
学号: <u>1001</u>
姓名: <u>LiMing</u>
(null) 成绩 :89

2. 使用 VC 跟踪查错

从输出结果上分析，应输出"数学成绩:"时出错。如图 B-8 所示，在右边窗口设立观察数组 cnum，然后在要求输入成绩的 printf 语句处设立断点，或者简单地将光标置于此处，按 Ctrl+F10 键，使程序运行并按要求输入学号和姓名。当程序运行到此处时，得到如图 B-8 所示的结果。显然，当前的 j=2，不是预定的 j=0。这是因为 for 语句右边多了" ; "号，造成 for 语句空循环，cnum[2] 超出定义范围。

注意 为了加快查错速度，将 TOTAL 重新定义为 1。

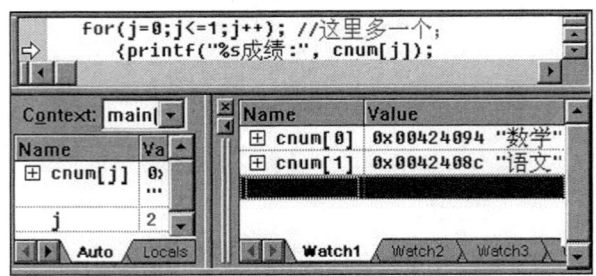

图 B-8 观察数组 cnum 示意图

下面是改错之后的运行示例（还有错误）。

请输入学生 1 的成绩：
学号：<u>1001</u>
姓名：<u>LiMing</u>
数学成绩：<u>99</u>
语文成绩：<u>89</u>
请输入学生 2 的成绩：
学号：<u>1002</u>
姓名：<u>ZhangHong</u>
数学成绩：<u>88</u>
语文成绩：<u>87</u>
平均成绩：
LiMing   47
ZhangHong 88

运行结果中当 sum 为偶数时结果不正确，跟踪监视 sum，如图 B-9 所示。从图中可见，if 语句少了配套的 else 语句。

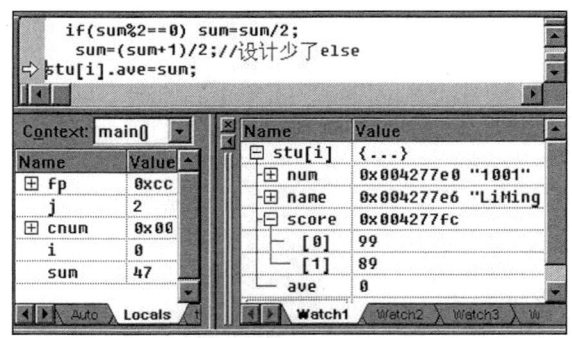

图 B-9 跟踪监视 sum 变量和 stu 结构成员示意图

注意　调试完毕，将 TOTAL 改回原值。

3. 小结

（1）应根据错误结果决定查错范围。
（2）正确选择要观察的变量表达式。
（3）选择各种可能的测试数据。

附录 C
设计一个简单的菜单

菜单是应用程序的界面，控制语句用来改变程序执行的顺序，是实现结构化程序设计的基础。本附录给出设计一个比较实用的菜单的方法，以供学生在需要使用菜单时参考。

C.1 设计要求

1. 菜单内容

程序运行后，给出 3 个菜单项的内容和输入提示。

```
1.FindNum
2.Diamond
3.Goodbye!
Input 1-3:
```

2. 设计要求

使用数字 1～3 来选择菜单项，其他输入则不起作用。下面是测试运行的例子：

```
1.FindNum
2.Diamond
3.Goodbye!
Input 1-3: 1
FindNum
1.FindNum
2.Diamond
3.Goodbye!
Input 1-3: 8
2
Diamond
1.FindNum
2.Diamond
3.Goodbye!
Input 1-3: a
1
FindNum
1.FindNum
2.Diamond
3.Goodbye!
Input 1-3: 3
Goodbye!
```

C.2 设计实例

首先编写一个菜单程序，输入 1～3 以进入相应选择项。从程序测试结果可知，当选择相应选择项时，其输出信息分别为：FindNum、Diamond 和 Goodbye!。

1. 使用 switch 语句实现功能选择

假设输入选择用变量 cn 存储,则可以使用如下结构实现:

```
switch ( cn ) {
    case 1:
        printf("FindNum\n");
        break;
    case 2:
        printf("Diamond \n");
        break;
    case 3:
        printf("Goodbye!\n");
        break;
}
```

2. 得到 cn 的合理值

应该设计一个函数来输出提示信息和处理输入,这个函数应该返回一个数值 cn,供 switch 语句使用。

假设函数名为 menu_select,设计的参考程序如下:

```
int menu_select( )
{
    char s;
    int cn;
    
    printf("1. FindNum\n");
    printf("2. Diamond \n");
    printf("3. Goodbye!\n");
    printf ("Input 1-3: " );
    
    do {
        s=getchar();
        cn=(int)s-48;          // 得到数字 1-3
    } while ( cn<0||cn>3 );
    
    return cn;
}
```

语句"cn=(int)s-48;"是为了使 switch 中的 case 语句对应数字 1～3。如果这里不进行转换,while 语句应使用 s 进行判别,即:

`while ( s<49||s>51 );`

这时的 case 语句则对应 49～51。

3. 实现循环选择

实际使用时,只有选择 3,程序才能结束运行,这就要使用循环控制。

这里使用 for 循环语句实现菜单的循环选择,为了结束程序的运行,则用"exit(0);"语句代替"case:3"中的"break;"语句。

注意 这个设计在纠错上有一定的局限性。使用菜单的设计,需要用到数组的知识。也可以不将键入的字符转为数字,而直接使用字符进行判别。

C.3 编写菜单项

这里用两道编程题作为两个菜单项。

1. FindNum

一只老鼠咬坏了账本,公式中符号"□"代表被老鼠咬掉的地方。要想恢复下面的等式,应在□中填上哪个相同的数字?

$$3\square \times 6237 = \square 3 \times 3564$$

利用计算机计算速度快的特点,把所有可能的方式都试一下,从中找出符合条件的数。这就是所谓的穷举法。

每一位的数字只有 0～9,显然已经排除了为 0 的可能性,将 1～9 拿来试验,即可找到合适的数字。由此可见,就是寻找满足下面式子的 i 值:

$$(30+i)*6237 = (10*i+3)*3564$$

2. Diamond

本题要求编制打印以下图案的程序,注意题目还要求在左边留出一定空格。

```
   *
  ***
 *****
*******
 *****
  ***
   *
```

3. Goodbye!

这里除了输出一个简单的信息之外,还必须结束程序运行。使用语句"`exit(0);`"即可正确地结束程序运行。

C.4 源程序清单

```c
#include<stdio.h>
#include<stdlib.h>
#include<ctype.h>
#include <math.h>

void FindNum();
void Diamond();
int menu_select( );

void main( )
{
   for ( ; ; ) {
   switch ( menu_select( ) ) {
        case 1:
           FindNum();
           break;
        case 2:
           Diamond();
           break;
```

```c
                    case 3:
                            printf("Goodbye!\n");
                            exit(0);
                }
    }
}
//  菜单选择操作
int menu_select( )
{
    char s;
    int cn;

    printf("1. FindNum\n");
    printf("2. Diamond\n");
    printf("3. Goodbye!\n");
    printf ("Input 1-3: " );
    do {
            s=getchar();
            cn=(int)s-48;
    } while ( cn<0||cn>3 );


    return cn;
}

// 求正确的数字完成等式
// 答案: nun=6
void FindNum()
{
    int i;

    printf(" 要使下面的等式成立，应在□中填上哪个相同的数字？\n");
    printf("         3□×6237=□3×3564\n");
    printf(" 求解结果为: \n");
    for(i=1;i<10; i++)
        if((30+i)*6237==(10*i+3)*3564)
        {
            printf("number=%d\n",i);
            break;
        }
}

// 编制打印菱形图案程序
void Diamond()
{
    int i, j, k;
    printf(" 打印菱形图案。\n");
    for ( i=1; i<=4; i++ )
    {
        for (j=1; j<=16-i; j++)
            printf(" ");
        for (k=1; k<=(2*i-1); k++)
            printf("*");
        printf("\n");
    }
    for (i=1; i<=3; i++)
```

```
            {
                for (j=1; j<=i+12; j++)
                    printf(" ");
                for (k=1; k<=(7-2*i); k++)
                    printf("*");
                printf("\n");
            }
}
```

C.5 运行结果

```
1.FindNum
2.Diamond
3.Goodbye!
Input 1-3: 1
```
要使下面的等式成立，应在□中填上哪个相同的数字？
$$3\square \times 6237 = \square 3 \times 3564$$
求解结果为：
```
number=6
1.FindNum
2.Diamond
3.Goodbye!
Input 1-3: 2
```
打印菱形图案。
```
           *
          ***
         *****
        *******
         *****
          ***
           *
1.FindNum
2.Diamond
3.Goodbye!
Input 1-3: 5
3
Goodbye!
```

附录 D 编程的基本文件结构

可以按编制 C 程序使用程序文件(包括头文件和文件)的数量来分类,将其分为单文件结构和多文件结构,而且单文件结构没有自己定义的头文件。多文件结构又可以按编制 C 程序源文件的多少分为两类:一类是只有一个源文件;另一类有多个源文件。

D.1 单文件结构

【例 D.1】编写一个具有两个参数的函数 max,比较这两个参数的大小,并把较大的参数和一个常量 100 相加,作为函数的返回值。将这个返回值和常量 100 相乘作为程序的输出。

```
#include <stdio.h>          //1 包含头文件
#define NUM   100            //2 宏定义 NUM=100
int max(int,int);            //3 函数 max 的原型声明
int main( )                  //4 主函数
{                            //5 主函数定义开始
    int a,b,x;               //6 声明变量
    a=2; b=3;                //7 变量赋值
    x=NUM*max( a,b );        //8 输出函数返回值与 NUM 相乘
    printf("%d\n",x);        //9 输出函数返回值与 NUM 的乘积
    return 0;                //10
}                            //11
                             //12
int max(int m1, int m2)      //13 函数 max 的定义
{                            //14
    if (m1 > m2 ) return m1+NUM;  //15 使用 NUM
    else    return m2+NUM;   //16 使用 NUM
}                            //17
```

假设将这个程序放在单个源文件 c6.c 中。语句 1~语句 2 属于预处理的内容,语句 3 是主函数之外的所有函数的原型声明。这种单文件结构可以分为如下 3 部分。

s 第一部分:预处理命令。
  函数原型声明(如果有外部变量,也在这一部分声明或定义)。
s 第二部分:主函数。
s 第三部分:其他函数的定义。

推广到更一般的情况:如果有外部变量,也在第一部分声明或定义。为了节省篇幅,很多例子都是使用这种模式。

D.2 一个源文件和一个头文件

下面要为源文件设计自己的头文件。仍然使用例 D.1 解释这一问题,但将其改造为两个文件。将第一部分的 3 条语句从 c6.c 文件中取出,放到一个名为 c6.h 的头文件中。下面是头文件的内容。

```
// 头文件 c6.h
#include <stdio.h>          //1 包含 stdio.h 头文件
const int NUM=100;          //2 定义常量变量 NUM=100
int max(int,int);           //3 函数 max 的原型声明
```

这里使用 const 定义常量变量代替原来使用 #defin 语句定义的宏定义，以便演示 const 语句的使用方法。

产生头文件的方法与产生 C 程序源文件的方法类似，具体方法如下。

（1）假设已经产生如图 D-1 所示的工程 c6 和源文件 c6.c。用鼠标选中 Header Files，然后使用文件菜单的 New 命令，弹出如图 D-2 所示的 New 对话框。

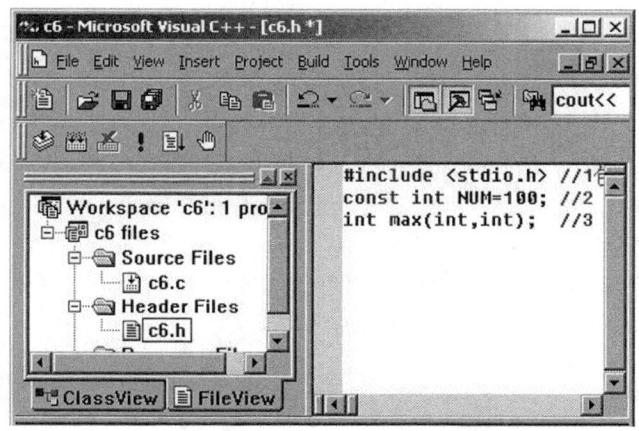

图 D-1　产生的 c6.h 示意图

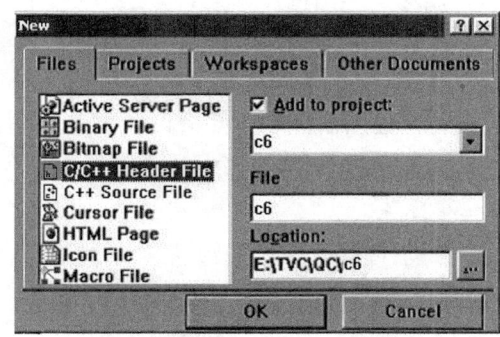

图 D-2　添加头文件 c6.h 示意图

（2）选择图 D-2 的 Files 列表框中的 C/C++ Header Files 项，在右边的 File 框中输入 c6（因为默认为后缀 .h 文件，所以不必输入 c6.h）即可。

（3）在右边的编辑框中编辑头文件 c6.h。编辑结果参见图 D-1。

由此可见，头文件中除了用来编写预处理命令和声明函数原型之外，还可以声明或定义全局变量。

这种结构要求在源文件 c6.c 中，使用 #include 将自己设计的头文件 c6.h 包含进去。一般来讲，这个头文件在工程目录 c6 之下，所以应该使用双引号。即

```
#include "c6.h"
```

下面是源程序文件 c6.c 的内容。

```c
// 源文件 c6.c
#include "c6.h"              // 注意使用双引号包含 c6.h
int main( )                  // 主函数
{
    int a,b,x;
    a=2; b=3;
    x=NUM*max( a,b );
    printf("%d\n",x);
    return 0;
}
int max(int m1, int m2)
{
    if (m1 > m2 )    return m1+NUM;
    else             return m2+NUM;
}
```

头文件是不能编译的，选中源文件 c6.c，编译并运行程序，输出 10300。头文件的关联方式是系统设计好的，只要按照约定，就可以实现程序的功能。

可以用下面的简单构造模型表示它的构成。

（1）**头文件**：用来编写预处理命令、函数原型声明及声明或定义全局变量。

（2）**源文件**：包含头文件、编写相应主程序和函数。

D.3 多文件结构

多文件结构可以含有多个头文件和源文件。前两种结构均是多文件结构的特例。严格地讲，结构化 C 程序设计应该使用多文件结构。如果只使用一个文件，即使它的函数设计很符合结构化设计，但也给查错和维护带来不便。试想一下，几千行的程序都在一个文件中，能算是好的设计方法吗？

要进行模块化和结构化设计，必须掌握多文件编程的知识。这主要涉及如何使用函数原型、头文件和工程文件等方面的知识，而且与所使用的集成环境也有关系。

1. 使用多个文件进行模块化设计

假设要求编制两个函数，分别计算两个数的最大值和平均值，然后使用主函数调用它们。将这两个函数分别设计在 max.c 和 mean.c 文件中，主函数在 find.c 文件中。这样，每个文件是一个单独模块，功能单一，容易查错，两个函数模块互不干涉。然后将任务分派给 3 个人去完成。

但如何将这些文件组成一个整体呢？一般把这个整体称为工程，目前 VC 又称其为项目。使它们协调工作的方法不止一种，建议使用头文件和原型声明，充分利用编辑器的严格检查来组织实施。下面编制的程序就是考虑到这些实施方法而设计的。虽然程序很小，但已经能说明问题的实质。3 个人编写的程序内容如下。

```c
// 第 1 个人编写的求最大值函数文件：max.c
double max(double m1, double m2)
{
    if(m1 > m2)  return m1;
    else  return m2;
}
```

这个文件自成系统,所以最简单。其实,工程应用时,许多文件就是以函数为单位的。可以自己验证这个模块的正确性,验证正确无误后,就可提交使用。

```
// 第 2 个人的求平均值函数文件: mean.c
// 求平均值函数 mean
#include " mean.h "           // 包含自定义的头文件
double mean(double m1, double m2)
{ return ((m2+m1)*DIV2); }
// 求平均值函数的头文件 mean.h
const   double   DIV2 = 0.5;
```

为了说明使用 const 定义常数问题,特让 mean.c 文件中的 mean 函数使用常系数 DIV2。常数设计在它的头文件中,这里把它命名为 mean.h。调试成功后,提供这两个文件。

```
// 第 3 个人的主函数文件: find.c
// 主函数 main
#include   "find.h"           // 包含自定义的头文件
void main( )
{
    double   a,b;
    printf("Input a and b:\n");
    scanf("%lf%lf",&a,&b);
    printf ( "max=%lf\n",max( a,b ));
    printf ( "mean=%lf\n",mean( a,b ));
}
// 主函数使用的头文件 find.h
#include <stdio.h>
double max(double,double);
double mean(double, double);
```

综上所述,这里总共有 3 个 C 程序源文件和 2 个头文件,共 5 个文件。

2. 头文件和函数原型的作用

一般是将所有的函数原型和外部变量的声明,以及常数的定义都放在一个头文件里,需要这些头文件的源文件,就可以将它们包含进去。虽然求最大值文件没有头文件,但也要在主程序的头文件 find.h 中声明它的函数原型,以保证 find.c 的 main 函数能正确分辨它。

常数 DIV2 定义在 mean.h 中,在 mean.c 中使用如下语句包含它。

```
#include "mean.h"
```

因为只有 mean 函数使用这个常数,又为了说明自带头文件的方法,所以单独做了这个头文件。主函数使用的函数库的头文件 stdio.h 也有意放在头文件 find.h 中。一般来讲,如果是大家共有的常数和变量,可以协商放在一个公共的头文件中。这里之所以做成两个头文件,主要是演示头文件的定义和使用方法。

3. 组合为一个工程

假设构造的工程为 find,使用 VC 构成 find 项目的步骤如下。

(1)利用 VC 构造一个空工程 find。如图 D-3 所示,这里面没有源文件和头文件。

(2)将用户的 5 个文件拷贝到 find 目录中,然后将它们添加到工程中。可以使用 Projecct 菜单 Add To Project 选项的 Files 命令,也可以如图 D-3 所示,单击鼠标右键,选中 Add Files Folder 命令,弹出如图 D-4 所示的 Insert Files into Project 对话框,找到 find 文件夹,插入所需文件。将 C 的源文件插入 Source Files 之下,头文件插入 Header Files 之下。图 D-5

给出结果示意图。

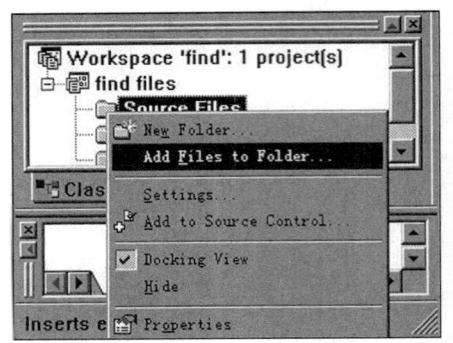
图 D-3　利用 VC 构造一个空项目 find 示意图

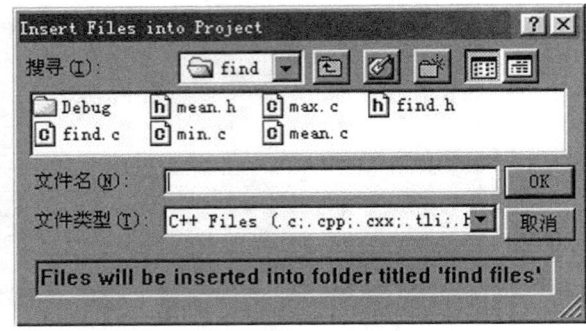
图 D-4　Insert Files into Project 对话框

（3）如图 D-5 所示，双击左边的文件图标，右边窗口显示相应的源文件。

（4）可以分别编译项目中的各个 C 程序源文件，双击左边的文件图标，让它们出现在右边，就可以编译该文件。也可以一次对所有文件编译并产生执行文件。如果要一次编译，可以选择任意一个 C 文件，通过产生 exe 文件的选项（例如 Build find.exe 菜单项）一次编译并产生 exe 文件。菜单和相应的工具按钮如图 D-5 所示。

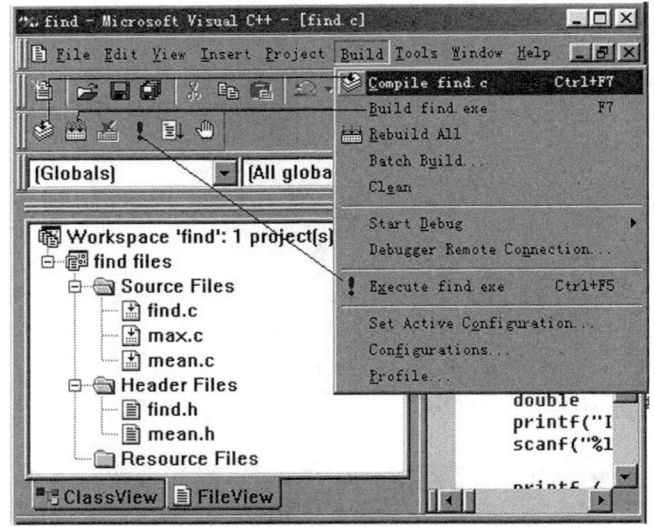
图 D-5　插入所需文件示意图

（5）如图 D-5 所示，可以使用菜单命令或工具按钮执行程序编译产生 find.exe 文件（exe 文件与工程同名），下面是运行示例。

```
Input a and b:
235.678 4567.89
max=4567.890000
mean=2401.784000
```

4. #define 和 const 的异同

其实，在头文件里使用 #define 和 const 的作用并不完全等效。如果只是文件本身使用这个头文件，则两者等效。正如上面的文件 mean.c 一样，在 mean.h 中，下面两种方式均可。

```
const   double  DIV2 = 0.5;
#define      DIV2  0.5
```

如果只设计一个头文件 find.h，就不能简单地将 mean.h 中的语句移到 find.h 中。其实，使用 `const` 的格式是定义一个内容不会改变的常数变量，所以它遵循变量的使用原则。即在头文件里声明一个外部 `const` 变量，在文件里赋初值。修改的 find.h 和 mean.c 文件内容如下。

```
// 取代 mean.h 的 find.h 文件
#include <stdio.h>
extern const double DIV2;          // 在头文件中声明为外部常量
double max(double,double);
double mean(double, double);
//mean.c 文件
#include "find.h"
const double DIV2=0.5;             // 在使用的文件中定义这个常量
double mean(double m1, double m2)
{ return (m2+m1)*DIV2;}
```

5. 使用条件编译编写头文件

上一节修改的程序，如果 find.c 两次包含头文件 find.h（头文件过多时，会出现这种情况），在编译这个文件时，就会对头文件处理两次，这种重复包含有时会导致编译程序不能正常完成。为了避免这种情况，可以使用宏定义配合条件编译。假设宏名字为"_H_C6_H"，例如：

```
// 取代 mean.h 的 find.h 文件
#ifndef _H_C6_H                    // 如果没有定义 c6.h
#define _H_C6_H                    // 下面定义 c6.h

#include <stdio.h>
extern const double DIV2;    // 在头文件中声明为外部常量
double max(double,double);
double mean(double, double);

#endif                             // 定义结束
```

至于这个宏的名字"_H_C6_H"，则是随意选择的名字。预处理程序处理完文件开始部分，名字 _H_C6_H 就有了定义。如果在 find.c 的预处理中再次遇见到包含 find.h 的语句，由于 _H_C6_H 已经有了定义，所以 `#if` 至 `#endif` 之间的东西都被丢掉。源程序包含的是头文件，头文件里才使用宏，所以这个宏的名字与头文件的名字无关。之所以使用"_H_C6_H"的怪异方式，是避免程序中定义重名的可能性。让字符串中包含字符 H，则清晰地表示这是为了处理头文件。

也可以使用另外一种等效（推荐使用）形式，如下所示：

```
#if !defined(_H_C6_H)
#define _H_C6_H
……// 这里是原来头文件的内容
#endif
```

6. 使用文件包含的方法

虽然也可以使用将文件包含的方法，但没有上一种结构清晰。建议只做了解，如果碰到这种使用方法，能知道其组成原理即可。

因为在一个工作目录内，VC的项目不能同名，所以为它再建一个名为 find1 的空项目，将 5 个文件拷贝到 find1 目录，然后装入 find.c 并将它修改为如下的程序。

```c
#include "find.h"
#include "max.c"
#include "mean.c"
void main( )
{
    double   a,b;
    printf("Input a and b:\n");
    scanf("%lf%lf",&a,&b);
    printf ( "max =%lf\n",max( a,b ));
    printf ( "mean=%lf\n",mean( a,b ));
}
```

编译运行 find1.exe，结果正确。这时注意一下 VC 的窗口，如图 D-6 所示，发现它自动将需要的文件都装入 External Dependencies 的下面。双击这些文件，显示在右边的窗口中。

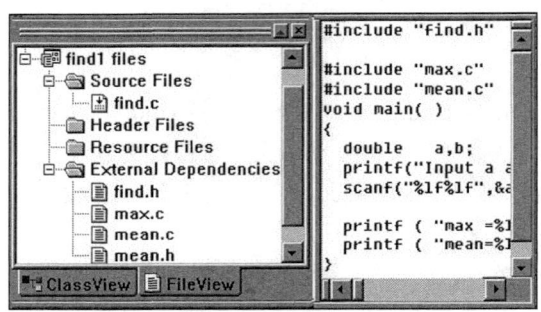

图 D-6　使用文件包含的 VC 窗口示意图

7. 一般的多文件模式

一般比较大的程序设计常常会分成几个源文件，每个源文件有自己的头文件，然后组成工程文件。作为一个程序员，必须熟悉这种结构并正确运用它。

附录 E
7 位 ASCII 代码表

7 位 ASCII 代码表

$d_3d_2d_1d_0$	$d_6d_5d_4$							
	000	001	010	011	100	101	110	111
0000	NUL	DLE	SP	0	@	P	`	p
0001	SOH	DC1	!	1	A	Q	a	q
0010	STX	DC2	"	2	B	R	b	r
0011	ETX	DC3	#	3	C	S	c	s
0100	EOT	DC4	$	4	D	T	d	t
0101	ENQ	NAK	%	5	E	U	e	u
0110	ACK	SYN	&	6	F	V	f	v
0111	BEL	ETB	'	7	G	W	g	w
1000	BS	CAN	(	8	H	X	h	x
1001	HT	EM	)	9	I	Y	i	y
1010	LF	SUB	*	:	J	Z	j	z
1011	VT	ESC	+	;	K	[	k	{
1100	FF	PS	,	>	L	\	l	|
1101	CR	GS	−	=	M	]	m	}
1110	SO	RS	.	<	N	^	n	~
1111	SI	US	/	?	O	_	o	DEL

参 考 文 献

[1] 刘振安. C语言程序设计 [M]. 北京：机械工业出版社，2007.
[2] 刘振安，等. C程序设计课程设计 [M]. 2版. 北京：机械工业出版社，2010.
[3] 谭浩强. C程序设计 [M]. 北京：清华大学出版社，2001.
[4] 刘燕君，等. C程序设计实践教程 [M]. 北京：机械工业出版社，2009.
[5] 刘振安，等. C程序设计教程 [M]. 北京：机械工业出版社，2008.
[6] 刘振安. C语言程序设计 [M]. 2版. 北京：清华大学出版社，2008.
[7] 裘宗燕. 从问题到程序——程序设计与C语言引论 [M]. 北京：机械工业出版社，2005.
[8] Donis Marshall，John Bruno. 完美代码 [M]. 徐旭铭，译. 北京：机械工业出版社，2010.
[9] Eric Brechner. 代码之道 [M]. 陆其明，译. 北京：机械工业出版社，2009.
[10] Andy Oram，Greg Wilson. 代码之美 [M]. BC Group，译. 北京：机械工业出版社，2010.
[11] Mario Hewardt, Daniel Pravat. Windows高级调试 [M]. 聂雪军，等译. 北京：机械工业出版社，2010.
[12] Eric S Roberts. C程序设计的抽象思维（英文版）[M]. 北京：机械工业出版社，2004.
[13] Brian W Kernigham. 程序设计实践 [M]. 裘宗燕，译. 北京：机械工业出版社，2000.
[14] Andrew Koenig. C陷阱与缺陷 [M]. 高巍，译. 北京：人民邮电出版社，2002.
[15] 刘振安，苏仕华，周淞梅. C程序设计与错误分析（修订版）[M]. 合肥：中国科学技术大学出版社，1995.
[16] 刘燕君，等. C语言程序设计实践教程 [M]. 北京：邮电大学出版社，2012.
[17] 刘振安，等. C语言程序设计教程 [M]. 北京：邮电大学出版社，2012.
[18] Jon Bentley. 编程珠玑（原书第2版）[M]. 钱丽艳，等译. 北京：人民邮电出版社，2008.